ESG INVESTING

Blucher

João Amato Neto
Lucas Cardoso dos Anjos
Yago Cavalcante
Pedro Kenzo Jukemura

ESG INVESTING

Um novo paradigma de investimentos?

ESG Investing: um novo paradigma de investimentos?

Publisher Edgard Blücher
Editor Eduardo Blücher
Coordenação e produção editorial Jonatas Eliakim
Preparação de texto Bruna Marques
Revisão de texto Samira Panini
Capa Leandro Cunha
Imagem da capa iStockphoto

Blucher

Rua Pedroso Alvarenga, 1245, 4º andar
04531-934 – São Paulo – SP – Brasil
Tel.: 55 11 3078-5366
contato@blucher.com.br
www.blucher.com.br

Segundo o Novo Acordo Ortográfico, conforme 5. ed. do *Vocabulário Ortográfico da Língua Portuguesa*, Academia Brasileira de Letras, março de 2009.

Dados Internacionais de Catalogação (CIP)
Angélica Ilacqua – CRB-8/7057

Amato Neto, João
ESG Investing : um novo paradigma de investimentos? / João Amato Neto... [et al.] – São Paulo: Blucher, 2022.

162 p. : il.

ISBN 978-65-5506-560-2 (impresso)
ISBN 978-65-5506-561-9 (eletrônico)

1. Investimentos. 2. Economia. 3 Mercado financeiro. 4. Desenvolvimento sustentável. I. Título

22-0932 CDD 332.6

Índice para catálogo sistemático
1. Investimentos

PRIMEIRO PREFÁCIO

O livro *ESG Investing* é uma obra que aborda um tema atual e relevante para todos nós. Vivemos um período de grandes paradoxos. De um lado, observamos o surgimento de novos negócios e avanços em diversos campos em uma escala e velocidade cada vez maiores. Do outro, persistem diversos problemas socioambientais que precisam ser superados.

Diante dessa realidade, o mercado financeiro e as empresas possuem um papel chave para promover um desenvolvimento mais justo e sustentável. A pandemia do coronavírus intensificou o questionamento sobre a responsabilidade desses atores perante os desafios sociais e ambientais. Esse contexto impulsionou o debate relacionado aos temas ESG (*environmental, social and governance*) no Brasil e no mundo.

No mercado financeiro, essa agenda se traduz na inclusão de critérios socioambientais na análise e gestão de investimentos. Os investimentos sustentáveis tiveram um crescimento de 42% entre 2018 e 2020 e alcançaram a marca de US$ 17,1 trilhões representando um terço do total de ativos sob gestão profissional nos Estados Unidos de acordo com o relatório[1] de tendências do Fórum para Investimentos Sustentáveis e Responsáveis de 2020. Um estudo[2] da Bloomberg Inteligence aponta que os ativos ESG podem alcançar US$ 53 trilhões em todo o mundo e representar mais de um terço dos US$ 140,5 trilhões de ativos sob gestão em 2025.

Do lado da oferta, observamos uma crescente de produtos que buscam incorporar critérios ESG. Entre eles, podemos citar os financiamentos voltados para projetos com impacto ambiental ou social (*green* e *social bonds*) e aqueles títulos vinculados

1 Disponível em: https://www.ussif.org/trends

2 Disponível em: https://www.bloomberg.com/professional/blog/esg-assets-may-hit-53--trillion-by-2025-a-third-of-global-aum/

à sustentabilidade cujos juros variam conforme o cumprimento de determinadas metas sociais e/ou ambientais (*sustainability-linked bonds*). Dentro da renda variável encontramos fundos que buscam incorporar aspectos ESG por meio de diferentes abordagens (*negative* e *positive screening*), assim como fundos temáticos (ex. energia limpa, educação, habitação, saúde etc.). Há também os fundos de impactos que investem em empresas cujo *core business* busca solucionar alguma problemática socioambiental.

Entre investidores e alocadores, cresce a importância de considerar os impactos socioambientais na gestão das carteiras. Há um número cada vez maior de investidores que não apenas sinaliza como também se engaja para que seus portfólios reduzam as externalidades negativas e tenham contribuições positivas para o meio ambiente e para a sociedade. Conforme a geração dos *millennials* ocupa posições de decisão na gestão de recursos e patrimônio, essa tendência é catalisada acelerando a transição para construção de carteiras que gerem retornos financeiros aliados com impacto socioambiental positivo.

Mas não é apenas no mercado financeiro que o tema ESG tem crescido. No Google Trends, a busca pela expressão ESG está no nível mais alto nos últimos 5 anos tanto no Brasil como no mundo. Podemos ver desdobramentos práticos em diversos espaços da sociedade conforme os parâmetros ESG ganham mais relevância.

Muitas empresas têm assumido compromissos para reduzir os impactos negativos de suas operações e contribuir para solução de desafios socioambientais. Um exemplo dessas mudanças é a "Declaração de Propósito", uma carta assinada por 181 CEOs de megacorporações se comprometendo em liderar as companhias em benefício de todos stakeholders – consumidores, colaboradores, fornecedores, comunidades e acionistas. Além disso, as empresas têm percebido que a adoção de práticas e processos mais sustentáveis podem diferenciá-las na capacidade de atrair e reter jovens talentos e consumidores.

A agenda ESG e de negócios de impacto também tem ganhado cada vez mais espaço nas universidades. Diversas escolas incluíram esse tema no conteúdo programático e percebe-se um aumento do número de pesquisas e do interesse por parte dos docentes e estudantes. Com entusiasmo por se tratar da minha alma mater, acompanho há alguns anos o professor João Amato Neto difundindo esse tema dentro do curso de Engenharia de Produção da Escola Politécnica da USP (Poli-USP) e considero esse livro um dos frutos desse trabalho.

Esta obra é um convite para todos aqueles que desejam conhecer mais o campo dos investimentos ESG. A discussão sobre negócios sociais e investimentos ESG está cercada de inúmeros conceitos e termos usados pelos atores que dialogam com o princípio básico de integrar os impactos socioambientais positivos ao retorno financeiro. Este livro organiza e esclarece esses temas combinando o arcabouço teórico com exemplos reais de organizações e investidores.

Ao mesmo tempo, esse livro acena para aqueles que buscam se aprofundar mais no tema ao abordar questões-chave que surgem diante do crescimento da agenda

ESG. Os investimentos ESG são melhores que aqueles que não avaliam critérios de sustentabilidade? Como mensurar e avaliar os impactos de uma empresa ou de um investimento?

Este livro é uma oportunidade para ouvir diferentes perspectivas, pois sua construção foi feita a partir de três trabalhos de formatura de alunos da Engenharia de Produção da Poli-USP. Essa caraterística torna o livro interessante ao reunir três estudos diferentes, mas que dialogam entre si ao redor desse tema central.

A agenda dos investimentos ESG é dinâmica e sua complexidade é proporcional ao tamanho e à quantidade de desafios que enfrentamos. Estou certo de que este livro irá promover reflexões, provocações e discussões e assim, contribuir para acelerar e desenvolver os investimentos ESG. Desejo uma boa leitura!

Denis Filipe Nakahara
Sócio da MOV Investimentos

SEGUNDO PREFÁCIO

A leitura do livro *ESG Investing: um novo paradigma de investimentos* me fez voltar no tempo deste economista formado nos anos de 1970 e, como empresário há mais de 40 anos, renovar a esperança nas novas gerações para realizar as mudanças efetivas no atual modelo econômico do nosso país. Já no início, a obra mergulha no tempo, desde a Grande Depressão de 1929 até o término da Segunda Guerra, com a retração dos investimentos privados e o papel do Estado como o grande investidor para combater as constantes crises econômicas da época. Os autores destacam que, durante décadas, "não se discutia a qualidade dos investimentos", até chegar em 1972 na Primeira Conferência do Clima, quando nasce a Declaração de Estocolmo. Surge então o termo "desenvolvimento sustentável" e o "reconhecimento de que a produção industrial era a principal causa da degradação ambiental".

Este foi um marco para minha geração de economistas e, já nos anos 1980, iniciei minha caminhada como empresário preocupado com os desafios de meu primeiro investimento em um modelo de negócio que conseguisse equilibrar inovação tecnológica com impacto positivo nas esferas social e ambiental, mas sem abrir mão da sustentabilidade econômica.

Ao ver que o livro surgiu de recentes trabalhos de formatura do curso de Graduação em Engenharia de Produção da Escola Politécnica (USP), buscando "***abordar as diferentes dimensões do tema sustentabilidade na dimensão socioeconômica***", renovo a esperança nas novas gerações, pois sempre acreditei e continuo seguindo pelo caminho de que toda "atividade produtiva deve ser economicamente sustentável, mas sem abrir mão de avaliar o impacto na sociedade e no meio ambiente".

Os autores citam os recentes e sucessivos desastres ambientais brasileiros como os de Mariana e Brumadinho. Bastaria um rápido olhar para o nosso planeta para comprovar que esses tipos de desastres não ocorrem apenas de forma pontual. Dados apresentados em recentes pesquisas da ONU e de organizações independentes mostram a degradação do planeta, tanto no âmbito ambiental como na esfera social (incluo aqui o fosso cada vez maior das desigualdades sociais agora expostas de maneira terrível com a pandemia de covid 19).

O planeta terra já esgotou sua capacidade de gerar riquezas e, sem uma mudança no modelo econômico vigente, estamos comprometendo irremediavelmente o futuro das novas gerações, "repassando crescentes prejuízos econômicos à sociedade e ao meio ambiente".

Volto ao paradigma citado pelos autores: como buscar modelos de negócios de médio e de longo prazos, que estejam preocupados com uma sociedade mais justa e igualitária, nos quais a inovação e a tecnologia possam estar a serviço da promoção do bem-estar da maioria da população, sem abrir mão de retorno dos investimentos? Como deixar claro que esses investimentos se viabilizam através da geração de recursos oriundos de suas atividades?

Ao longo desses 40 anos atuando como empresário e investidor, assisti a sucessivas crises econômicas, seguidas de discursos e teses de mudanças no modelo de desenvolvimento, mas continuo vendo com extrema preocupação o crescimento das desigualdades sociais e da degradação do meio ambiente, como consequências do aumento da poluição pelo "manejo inadequado de resíduos", contaminando o planeta em que vivemos, afetando a saúde da população e provocando graves consequências nas mudanças climáticas, acelerando a escassez de recursos naturais.

A partir desse contexto cabe uma indagação: como sair do mero discurso, e mudar de vez os critérios de decisão dos investimentos (públicos ou privados) e buscar de fato soluções mais duradouras, assumindo que a interdependência entre os diversos atores sociais deve nortear as decisões de empresas e dos agentes públicos?

Acredito sim que a Geração Y (ou os *millennials*) impulsionará de vez essas mudanças, saindo do imobilismo dos discursos e fazendo com que as decisões de investimentos sejam de fato pautadas em negócios de impacto socioambiental, desde a sua concepção à implantação e fazendo com que as operações cotidianas tenham no seu DNA a sustentabilidade, criando a contracultura do "negócio social" como citado pelos autores.

Em 2012 tive o primeiro contato com a Ellen MacArtur Foundation e com o modelo de negócio de Economia Circular; na sequência, participei dos primeiros encontros de empresários com o Sistema B e sua vinda para o Brasil (éramos no máximo 20 empresas signatárias e associadas a estas organizações aqui no Brasil). De lá para cá vejo, de fato, um grande esforço para sair do imobilismo do discurso para a prática. No último encontro presencial sobre economia circular (que reuniu mais de 300 empresários), a participação da academia e do poder público, com o apoio da CNI, criou a Rede Empresarial Brasileira de Avaliação de Ciclo de Vida (ACV – www.redeacv.org.br). E desde o último encontro do Sistema B já somos mais de 214 Empresas B certificadas no Brasil (na sua grande maioria de pequenas e médias empresas e executivos oriundos da Geração Y) e mais de 4.080 empresas em 77 países, atingindo mais de 153 setores. Como citado pelos autores, a Certificação B é um sistema de certificação do B Lab, que avalia se o modelo de negócio é sustentável e capaz de gerar impacto socioambiental positivo. Além disso, tal sistema busca avaliar de forma bem rígida os níveis desempenho em governança. Como citado pelos autores, a ReUrbi, empresa por mim criada, é uma empresa brasileira cerificada no Sistema B desde 2014 e reconhecida nos últimos 5 anos como *Best For the World.*

Aos autores meu agradecimento pela oportunidade de prefaciar este livro e deixo como reflexão os verbos auxiliares "reinventar" e "esperançar" do saudoso Paulo Freire.

Um grande abraço.

Ronaldo Stabile
Fundador e sócio diretor da ReUrbi – Recicladora Urbana.

APRESENTAÇÃO

A principal inspiração para este livro surgiu a partir de três Trabalhos de Formatura – TF, como são conhecidos no âmbito do curso de Graduação em Engenharia de Produção da Escola Politécnica da Universidade de São Paulo (USP), apresentados nos últimos anos e que, de forma direta ou indireta, estão intimamente relacionados ao tema central desta obra. Cabe salientar, em tempo, que todos os trabalhos foram avaliados com nota máxima ("Triple A") e, em alguns casos, classificados como um dos melhores TF do respectivo ano de apresentação. São eles por ordem cronológica:

1º. Modelo de avaliação de impacto de empresas sociais no portfólio de fundos de investimento de impacto no Brasil. Autor: Lucas Cardoso dos Anjos, orientado por João Amato Neto, apresentado e defendido em novembro de 2017.

Neste trabalho, visa-se analisar e discutir com base em uma revisão da literatura sobre o tema, a forma de avaliação de impacto de empresas sociais por meio da análise comparativa de três gestoras de fundos de investimento de impacto no Brasil, ao longo de três etapas distintas do seu ciclo de investimentos: mapeamento de oportunidades, seleção e validação e por fim, monitoramento. Com isso, foi possível propor um modelo integrado com as melhores práticas de avaliação de retorno socioambiental no mercado brasileiro de investimentos de impacto, de forma a endereçar os principais desafios para o desenvolvimento deste setor no país. Conclui-se que, com o desenvolvimento e expansão do setor de investimentos de impacto no Brasil e no mundo, cada vez mais serão exigidas evidências mais fortes sobre o impacto gerado e a capacidade de conciliar retorno socioambiental com retornos financeiros. Assim, é necessário consolidar as ferramentas existentes apresentadas neste trabalho e desenvolver novos métodos mais robustos de avaliação de impacto, adaptados à realidade brasileira.

2º. SROI (*Social Return on Investment*) – valorando financeiramente os impactos de um projeto de investimento. Autor: Yago Cavalcante, orientado por Mauro Zilbovicius, apresentado e defendido em dezembro de 2018.

Diante da recente expansão do campo dos negócios sociais e dos investimentos de impacto em todo o mundo, e sobretudo, no Brasil, cresce também a demanda por ferramentas e metodologias voltadas a mensurar os impactos sociais e ambientais associados a projetos de investimento. O tema deste trabalho é a metodologia de análise financeira de projetos SROI – *Social Return on Investment* (Retorno Social sobre Investimento), que procura mensurar e valorar financeiramente os impactos sociais e ambientais de projetos, a fim de obter o retorno em valor social sobre o investimento feito. Nesse sentido, o trabalho tem como objetivo verificar a efetividade do SROI, suas limitações, contradições, benefícios e potencialidades na valoração do impacto. Além de traçar uma perspectiva histórica a respeito dos negócios sociais e dos investimentos de impacto, dentro e fora do Brasil, e de abordar diversas ferramentas de métricas de impacto. O trabalho também apresenta a metodologia sobre a qual se estrutura o SROI. Posteriormente, o método é aplicado em um estudo de caso real: um projeto de piscicultura integrado a reflorestamento produtivo desenvolvido na Amazônia, no âmbito do estágio do autor deste trabalho. Ao final, conclui-se que a metodologia SROI é efetiva na valoração financeira de impactos sociais, embora ainda existam algumas lacunas e distorções que mereceriam ser abordadas em futuras pesquisas e trabalhos acadêmicos neste tema.

3º. Why ESG Investing seems to be an attractive approach to investments in Brazil. Autor: Pedro Kenzo Jukemura, orientado por João Amato Neto, defendido em novembro de 2019.

O objetivo principal deste Trabalho de Formatura é avaliar e valorizar a aplicabilidade da abordagem ESG aos investimentos no Brasil, considerando as particularidades do país. Para isso, o autor buscou fornecer definições claras de conceitos ESG, usando a literatura acadêmica existente e descrevendo as fontes de vantagem competitiva para empresas amigáveis ESG operando no Brasil. Além disso o trabalho se propôs, também, a mapear a adoção atual do ESG Investing no Brasil, considerando instrumentos de patrimônio e dívida, assim como discutir os desafios para a adoção do ESG Investing no Brasil.

A partir da confluência de objetivos e de interesse no tema, os autores realizaram uma série de reuniões para definir o escopo e a estrutura mais adequada para se chegar a esta proposta, assim como passaram a desenvolver pesquisas no sentido de se obter informações mais atuais sobre o tema em questão.

São Paulo, julho de 2021

Os autores

Conteúdo

CAPÍTULO 1
Introdução

No final da década de 1929 a economia mundial passou pela maior crise da história do capitalismo e apresentou como ápice o *crash* da Bolsa de Nova York, nos Estados Unidos, que já se configurava como o epicentro do sistema financeiro mundial. As consequências para toda a sociedade mundial da época foram funestas: desemprego aberto, redução significativa do produto interno bruto de vários países, além da queda acentuada do valor das ações das grandes empresas negociadas nas principais bolsas de valores de todo o mundo. Tal crise, conhecida como a "Grande Depressão", acabou por contaminar o conjunto do sistema econômico mundial e persistiu ao longo de toda a década de 1930, terminando apenas com a eclosão da Segunda Grande Guerra Mundial.

Nesse contexto histórico é que foi lançada, em 1936 a obra seminal *A teoria geral do emprego, do juro e da moeda*, do brilhante economista britânico John Maynard Keynes (1883-1947). Nessa obra, Keynes destacava, dentre outras questões relativas à sobrevivência do sistema econômico global, a importância dos investimentos como mola propulsora do desenvolvimento das economias nacionais, principalmente em termos de geração da renda e do emprego. A ideia, em linhas gerais, é que nos momentos em que a "eficácia marginal do capital" (taxa de lucro esperada pelo investidor) fosse maior que a taxa de juros vigente no mercado financeiro, os investimentos privados cresceriam e, por consequência, provocariam o crescimento da economia. Na contramão de um clima de otimismo, em momentos de falta de confiança entre os agentes econômicos ("crise generalizada de confiança entre os agentes econômicos"), os investimentos privados cairiam e o Estado seria chamado a realizar grandes investimentos públicos na tentativa de reverter o ciclo de retração dos investimentos privados.

Porém, o que não se discutia até bem recentemente era a "qualidade dos investimentos", ou seja, não estava em jogo se a inversão do capital seria para promover a produção de bens supérfluos, de armamentos, de cigarros, de geração de energia com base em fósseis, ou para, por exemplo, a produção de alimentos da agricultura orgânica, vacinas ou geração de energias limpas.

Com o crescimento das pressões da sociedade por novos modelos de produção e de consumo que assumissem as responsabilidades e os desafios da sustentabilidade socioambiental, surgem também movimentos por modelos de investimentos comprometidos com essas novas demandas.

O termo "desenvolvimento sustentável" apresenta como marco inicial a primeira conferência mundial do clima, ocorrida em Estocolmo 1972, em que os países industrializados discutiram sobre as externalidades negativas da superprodução, o impacto causado pela humanidade sobre o meio ambiente e como os governos deveriam agir para sustentar o sistema econômico, garantindo estabilidade ambiental e social para o futuro. Os resultados dessa reunião foram consolidados no documento "Declaração de Estocolmo", por meio do qual as nações concordaram em assumir a responsabilidade pelas consequências ambientais de suas ações em um plano de ação composto por 109 recomendações. O reconhecimento na época era de que a produção industrial era a principal causa da degradação ambiental.

Dessa forma, inicialmente por pressões de ordem ambiental, com os sucessivos desastres ambientais – como os ocorridos na indústria petrolífera, na geração de energia nuclear e, recentemente, na mineração (vide os casos brasileiros de Mariana e Brumadinho), surgiram relatórios, normas e códigos que passaram a regulamentar a atividade produtiva em todo o mundo. Destaque–se, dentre eles, o *Global Reporting Initiative (GRI*), lançado primeiramente nos anos 2000, que se constitui como um guia geral de sustentabilidade e passou a ser amplamente utilizado por organizações multinacionais, governos, pequenas e médias empresas (PME) e Organizações Não Governamentais (ONG) em todo o mundo.

Já em 2005 surgiu o termo ESG do Inglês: *Environmental Social Governance*, criado inicialmente por Kofi Annan, então secretário-geral da Organização das Nações Unidas (ONU), que convocou grandes investidores a considerarem os requisitos socioambientais em seus planos de investimentos. Cabe salientar que naquela época apenas 23 empresas foram signatárias desse relatório. Mais recentemente, em 2019, 181 *Chief Executive Officer* (CEO)de megacorporações assinaram um documento que se refere à "Declaração de Propósito", comprometendo-se com a adoção de novas práticas sintonizadas com o desenvolvimento sustentável e maior responsabilidade social corporativa.

Essa nova modalidade de investimentos em projetos e empreendimentos apresenta-se como uma alternativa atraente aos modelos de investimento tradicionais, pois considera que estes investimentos devam ser, além de viáveis do ponto de vista econômico-financeiro, atraentes na perspectiva dos seus impactos socioambientais positivos. Em outros termos, trata-se de uma categoria de "investimento consciente" na busca de soluções para os graves problemas de ordem social e ambiental.

Na esteira dos "títulos verdes" (*green bonds*), o mercado financeiro passou a incluir os títulos sociais com foco em impactos sociais sustentáveis, que podem ser conectados aos Objetivos de Desenvolvimento Sustentável (ODS) definidos pela Organização das Nações Unidas em 2015 e que norteariam a Agenda 2030 para o desenvolvimento sustentável. Segundo o Banco Interamericano de Desenvolvimento (BID), o mercado de títulos temáticos, criado há pouco mais de dez anos, tem crescido em linha com as demandas dos investidores, que dão cada vez mais importância para a "gestão de riscos e governança" em torno dos "impactos sociais e ambientais" gerados pelos negócios.

Já no final de 2017 o presidente francês Emmanuel Macron promoveu o encontro *One Planet*, em resposta às ameaças de Donald Trump de deixar o Acordo de Paris. Naquela oportunidade, oito bancos centrais criaram a Rede para o "Esverdeamento do Setor Financeiro. "Essa rede está hoje com 69 BCs e tem uma lista de 13 observadores, dentre eles o FMI, Banco Mundial e Banco Interamericano (BIRD), além de vários bancos regionais", segundo o Prof. José Ely da Veiga da Faculdade de Economia e Administração da USP.

O mercado de títulos de dívida temáticos (ou títulos amigáveis) – os chamados "títulos verdes, sociais ou sustentáveis", destinados especialmente a combater práticas que provoquem aquecimento global e degradação ambiental – somou US$ 328 bilhões no ano de 2019 em emissões em todo o mundo. Uma alta de 57% ante 2018 (dados compilados pelo Banco Interamericano de Desenvolvimento (BID), com base em informações da agência Bloomberg, em julho de 2020).

No Brasil, esses investimentos já começam a surgir, ainda que de forma bastante tímida. Segundo a entidade do mercado de capitais – Associação Brasileira das Entidades dos Mercados Financeiro e de Capitais (ANBIMA) – atualmente existem cerca de R$ 700 milhões aplicados em fundos de ações na modalidade ESG, o que equivale apenas a 0,13% do total de investimentos em fundos de ações no Brasil.

Apesar disso, alguns fundos de investimentos de impactos ambiental apresentaram crescimento significativo ao longo dos últimos anos. Apenas a título de exemplo: a MOV Investimentos é uma gestora de fundos de impacto socioambiental cujo volume de investimentos cresceu cerca de 6,7 vezes desde sua criação (em 2012) até o 1º quadrimestre de 2019. Na mesma linha, a Vox Capital, também um fundo de investimentos de impacto, cresceu cerca de doze vezes nesse período.

Outro indicador importante a se considerar nestes novos tempos é o Índice de Sustentabilidade Empresarial (ISE), criado em 2005 pela Bolsa de Valores de São Paulo (atual B3 – Bolsa de Valores do Brasil), à semelhança do índice norte-americano – o *Dow Jones Sustainability Index*. Cabe frisar que tal criação foi apoiada pela unidade de negócios financeiros do Banco Mundial, a *International Finance Corporation*.

O ISE é composto por aproximadamente 30 empresas que levam em consideração as questões ESG na condução dos negócios. Sua composição é variável e qualquer empresa líquida listada em bolsa de valores pode se inscrever para fazer parte do índice, que representa a certificação mais confiável de boas práticas ESG.

Desde sua criação até junho de 2011, a taxa de valorização desse índice financeiro evolui praticamente da mesma forma que o tradicional iBovespa. Porém, a partir de julho de 2011 até junho de 2019, enquanto o iBovespa apresentou uma valorização de 225%, o ISE valorizou 240%, o que reforça a percepção de que os investimentos sustentáveis vieram para ficar.

Figura 1.1 - Ibovespa vs. ISE (2005 a 2018) .

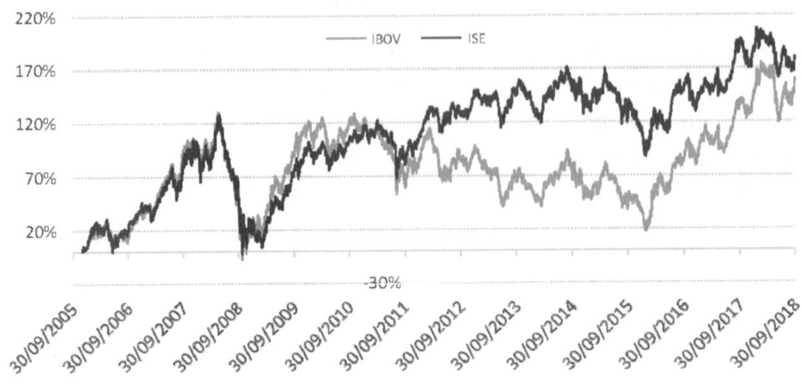

Além disso, a B3 lançou em 2020 o índice S&P/B3 Brasil ESG em parceria com a S&P Dow Jones, que utiliza critérios baseados nas práticas da sigla ESG para selecionar empresas brasileiras para a sua carteira. O objetivo é promover as empresas com melhores avaliações de práticas ESG.

Também é interessante apontar que a distância entre as empresas sustentáveis e o mercado de uma forma geral era maior em períodos de recessão, como de 2012 até o início desta década de 2020. Esse fato é coerente com a percepção da característica de menores riscos específicos de ações vinculados a empresas alinhadas às práticas ESG e dá suporte para que o ESG Investing seja utilizado como uma ferramenta de mitigação de risco para os agentes financeiros que investem no Brasil.

O Gráfico 1.1 mostra a evolução dos investimentos ESG ao longo da última década.

Gráfico 1.1 – Evolução dos Investimentos ESG (Environmental, Social and Governace).

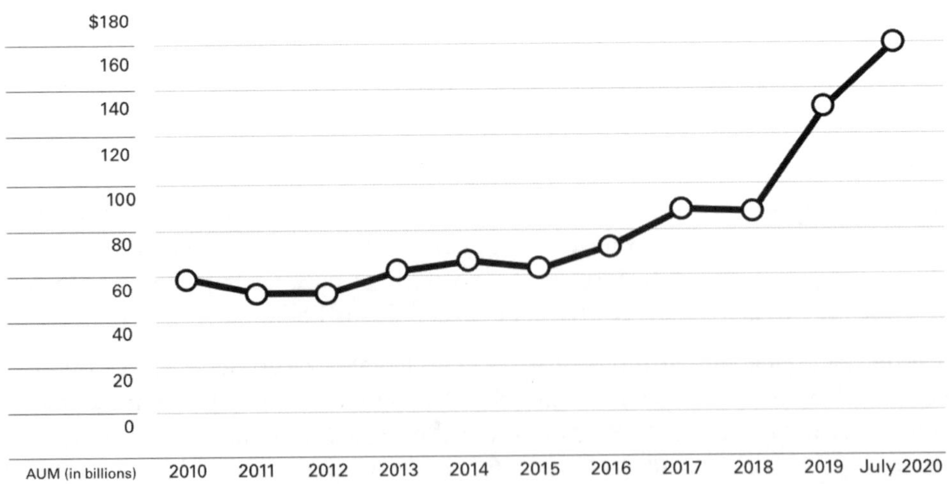

Fonte: Morningstar Direct. Data as of July 31, 2020.

Busca-se neste livro avaliar e valorizar a aplicabilidade da abordagem ESG aos investimentos na economia brasileira, considerando as particularidades do país. Em linhas gerais, no que diz respeito à reflexão e aos estudos da área em questão, esta obra busca contribuir com os seguintes aspectos:

- Fornecer definições de conceitos relativos aos investimentos *ESG*, a partir da literatura existente.
- Descrever fontes de vantagem competitiva para algumas empresas amigáveis ao ESG operando no Brasil.
- Mapear a adoção atual do *ESG Investing* no Brasil, considerando instrumentos de patrimônio e dívida.
- Discutir alguns dos principais entraves e desafios para a adoção do *ESG Investing* no Brasil.
- Fornecer um panorama informativo das novas tendências e ferramentas de mensuração de impacto socioambiental.
- Avaliar as conclusões preliminares e suas limitações.

CAPÍTULO 2

Transição de paradigmas na economia

As frequentes e profundas transformações pelas quais vem passando a sociedade moderna podem ser entendidas como mudanças de paradigmas. De forma semelhante ao que o destacado físico norte-americano Thomas Kuhn (1922-1996) analisou durante todo o processo de mudanças radicais na história das ciências em seu famoso livro *A Estrutura das Revoluções Científicas*, fundamentando-se no conceito de paradigmas, é possível entender as grandes mudanças na economia e no mundo dos negócios, em geral, a partir da ideia de mudanças de paradigmas. De uma forma particular cabe aqui mencionar que a história da humanidade revela que é justamente nos momentos de crise e de incertezas que se criam os elementos necessários para que transformações estruturais profundas ocorram nos mais variados campos da ciência, da tecnologia, do comportamento e da sociedade em geral.

No contexto social, já desde o final do século XX, o mundo começou a experimentar algumas das consequências negativas do paradigma industrial (o modelo fordista de produção) e do estabelecimento do sistema capitalista como o sistema econômico hegemônico. Enquanto empresas e governos se preocupavam com a produção em massa e economias de escala estimulando a demanda e sustentando altos lucros, alguns recursos naturais já davam sinais de esgotamento, perturbando o equilíbrio ambiental e social.

Mais recentemente neste século XXI tornaram-se frequentes as manchetes referentes às crises ambientais provocadas pelas crescentes emissões de gases efeito estufa e suas consequências negativas em termos do derretimento das calotas polares, condições climáticas extremas, elevação do nível do mar, além dos desmatamentos descontrolados, incêndios florestais, espécies ameaçadas de extinção, secas, e, por outro lado, a intensificação da desigualdade social e tensão política.

Uma das principais consequências dessa crise se manifesta no fato de que o meio ambiente sofre com a tendência de superprodução, pois ele é diretamente afetado por todas as fases do ciclo produtivo: recursos naturais escassos são utilizados como matéria-prima, enquanto a produção e o consumo são responsáveis pela poluição, e o manejo inadequado de resíduos contamina os solos e afeta negativamente a fauna.

A alarmante velocidade das mudanças climáticas e a escassez de recursos naturais estratégicos têm levado os líderes mundiais e formuladores de políticas públicas a buscar soluções mais duradouras. No entanto, como esses problemas transfronteiriços afetam a todos e não podem ser resolvidos isoladamente por um único país, estratégias de cooperação e a colaboração globais são necessárias.

Nesse contexto é que se observa a real necessidade de comprometimento entre os diversos países que demonstram essa preocupação. É por isso que diferentes nações vêm se reunindo para discutir essas questões, buscar soluções e se comprometerem a conscientizar as populações, além de tomar medidas dentro de suas fronteiras para desacelerar os efeitos das mudanças climáticas.

2.1 DA ECONOMIA LINEAR À ECONOMIA CIRCULAR

Desde os primórdios da revolução industrial do final do século XIX até bem recentemente, a economia industrial estava fundamentada no modelo linear de produção, como pode-se visualizar a seguir na Figura 2.1:

Figura 2.1 – Sistema linear de produção.

Em busca de um novo paradigma de produção sustentável é que surgem os sistemas de produção de ciclo fechado (*closed loop production system*) ou economia circular. A economia circular representa uma solução que permite à sociedade fechar o ciclo de vida do produto (MURRAY et al., 2015), por meio da ecoinovação. Essa importante característica tornou a ideia muito popular entre os estudiosos, gerando uma infinidade de pesquisas e artigos acadêmicos. Essas discussões foram conduzidas, principalmente, por formuladores de políticas e órgãos de defesa de negócios, como a Ellen MacArthur Foundation. A Comissão Europeia, por exemplo, fomentou algumas iniciativas para criar e sustentar planos de ação para a economia circular na União Europeia (EU) (COM, 2014; COM, 2015) enquanto em 2008 a China foi o primeiro país a adotar uma lei governamental para a implementação da economia circular (CIRAIG, 2015). No entanto, o entusiasmo sobre o assunto veio em um período muito curto, enquanto seus fundamentos permaneceram obscuros. Uma alternativa para consolidar as definições de economia circular foi reivindicada (GEISSDOERFER, 2017) e foi proposta por Prieto-Sandoval et al. (2018), que realizou uma revisão sistemática da literatura seguindo o procedimento descrito por Tranfield et al. (2003). A partir de palavras-chave relativas ao tema e pesquisando publicações em bancos de dados acessíveis e confiáveis, os autores reduziram uma amostra inicial de 1.793 publicações para se concentrar em 162 relatórios acadêmicos, e assim estabeleceram um consenso sobre os principais conceitos, princípios e determinantes da economia circular.

Apesar de Prieto-Sandoval et al. (2018) terem contribuído com um quadro de referência sobre o tema economia circular, algumas publicações questionam a necessidade de se criar um consenso acadêmico sobre o conceito. Korhonen et al. (2018) argumentam que a economia circular se tornou o que Gallie (1955) chamou de "conceito essencialmente contestado". Isso significa a existência de um acordo comum sobre seus objetivos, mas opiniões divergentes sobre as definições conceituais, limitações e metodologias adequadas de investigação.

De qualquer forma, a economia circular descreve uma alternativa estratégica de longo prazo para alcançar o desenvolvimento sustentável com base em modelos de negócios que promovam um sistema regenerativo que possibilite a reinserção de resíduos no fluxo de produção (ou seja, em sistemas de produção de ciclo fechado), reduzindo a utilização de novos insumos e apoiando iniciativas para aumentar a eficiência dos recursos e minimizar as consequências negativas causadas por emissões no entorno da empresa. A ideia é ilustrada na Figura 2.2 (ELLEN MACARTHUR, 2021):

Figura 2.2 – Modelo fundamental da economia circular.

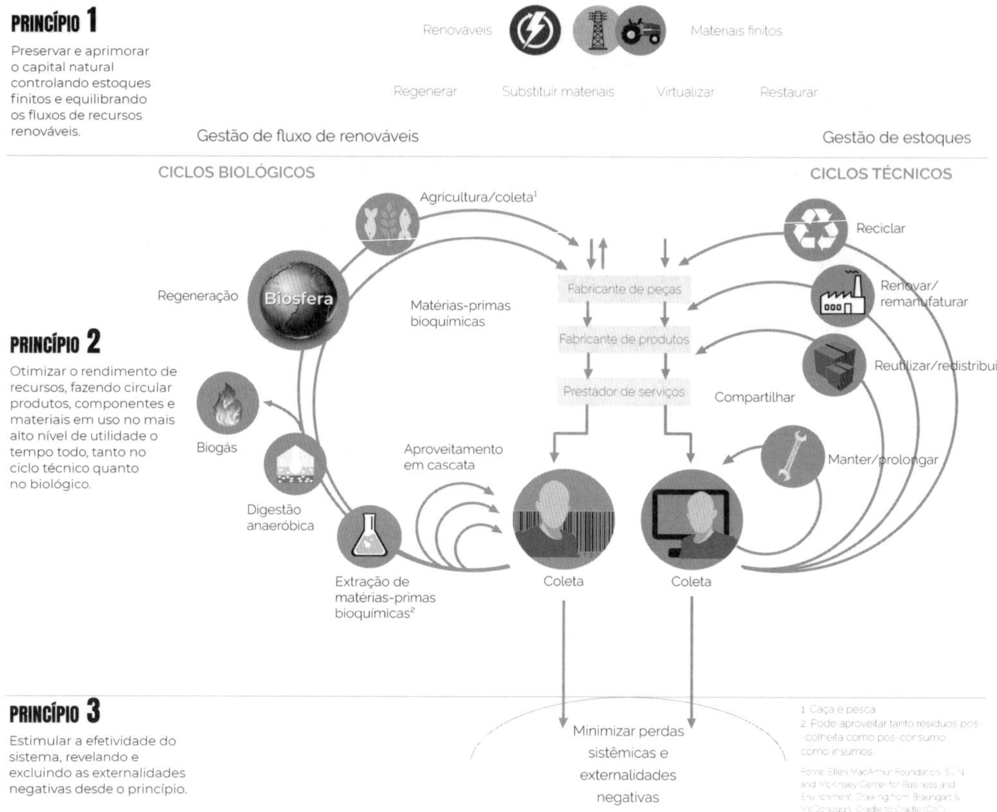

Fonte: ECONOMIA circular. In: Economia circular. [S. l.]: The Ellen MacArthur Foundation, 2021. Disponível em: https://www.ellenmacarthurfoundation.org/pt/economia-circular/diagrama-sistemico. Acesso em: 1 mar. 2021.

O argumento central da economia circular é que os círculos internos são preferidos porque exigem menos uso de recursos naturais e energia, sendo mais atraentes às empresas do ponto de vista financeiro e econômico.

Portanto, uma transição da economia linear para a economia circular está intimamente relacionada a duas principias vertentes: a aceitação do chamado princípio 3Rs (reduzir, reutilizar e reciclar) como uma orientação para diminuir o consumo, reduzir as emissões e aumentar a eficiência (WANG et al., 2014) e a disponibilidade de ecoinovação, o que pode impulsionar soluções disruptivas acessíveis.

2.2 *TRIPLE BOTTOM LINE* – O TRIPÉ DA SUSTENTABILIDADE

O *Triple Bottom Line* – TBL (Tripé da Sustentabilidade) é, de maneira resumida, um arcabouço contábil que mede o desempenho de uma empresa com base em três dimensões distintas: econômica, social e ambiental. Portanto, é um conceito chave para a compreensão dos Investimentos ESG, e as aplicações de ambos os conceitos (EC e TBL) estão muito relacionadas em todas as esferas de discussão, dentro e fora da academia.

O termo foi introduzido pela primeira vez por John Elkington, um consultor de gestão britânico, em 1994 e também é referido como "pessoas, planeta e lucros", comumente abreviado para 3Ps (ELKINGTON, 1994). O britânico, hoje uma das maiores influências no que diz respeito aos estudos na área da sustentabilidade, foi motivado pela transição do capitalismo sustentável, que criou o cenário ideal para uma mudança estrutural na mentalidade econômica. Esse período transitório foi impulsionado pela coexistência do que Elkington (2004) chamou de: "sete diferentes revoluções", que questionaram antigos paradigmas e estimularam a necessidade de pensar além dos lucros financeiros e avaliar o desempenho holístico das empresas. Essas revoluções são resumidas na Figura 2.3.

Figura 2.3 – *TBL Guiding Revolutions.*

	Paradigma antigo	**->**	**Novo Paradigma**
Mercados	Compliance	->	Competição
Valores	Valores rígidos	->	Valores flexíveis
Transparência	Fechado	->	Aberto
Tecnologia do ciclo de vida	Produto	->	Cadeia de suprimento
Parcerias	Subversão	->	Simbiose
Tempo	Curto prazo	->	Longo prazo
Governaça corporativa	Exclusiva	->	Inclusiva

Fonte: Adaptado de Elkington (2004).

Adentrando os conceitos apresentados por Elkington (2004) das sete revoluções, esse autor cita:

- Mercados: o futuro previsível sugere mercados mais competitivos, o que pressionará as empresas a perseguir objetivos mais amplos. Como resultado, mais empresas se comprometerão com o pensamento e a contabilidade da TBL ao propor seu modelo de negócios.

- Valores: o século XXI é caracterizado por uma mudança mundial nos valores humanos e sociais. Portanto, espera-se uma preocupação ampliada com a preservação da sociedade e do meio ambiente.
- Transparência: as empresas encontram suas atividades sob um escrutínio cada vez mais intenso, o que leva a divulgações voluntárias e obrigatórias. Novas tecnologias de informação, como televisão por satélite e internet, alimentaram a demanda por informação. Os stakeholders de negócios buscam fatos e números para comparar, avaliar e classificar o desempenho de empresas concorrentes de acordo com uma ampla gama de critérios.
- Tecnologia do Ciclo de Vida: as partes interessadas verificam a conformidade com padrões sustentáveis em toda a cadeia de fornecimento de produtos verdes, desafiando as empresas a internalizar alguns custos de externalidade e adotar a abordagem da economia circular.
- Parcerias: a gestão de cadeias produtivas sustentáveis fomenta a criação de novas parcerias complementares. As primeiras alianças estratégicas entre empresas com fins lucrativos e Organizações Não Governamentais (ONG) selecionadas podem representar situações em que todos ganham, já que as empresas são atraídas pela credibilidade dos ativistas e as ONG podem resolver sua necessidade de mais recursos, como financiamento e experiência em gestão (ELKINGTON, 1997).
- Tempo: a gestão adequada do tempo é fundamental na transição para o capitalismo sustentável, pois pode evitar um conflito de interesses. O ambiente competitivo pressiona por resultados de curto prazo, enquanto a agenda da sustentabilidade exige pensar nas consequências de longo prazo.
- Governança Corporativa: o compromisso com a agenda do *triple bottom line* é responsabilidade da alta administração. Portanto, as partes interessadas exigirão executivos inclusivos e de mente aberta para garantir decisões estratégicas sustentáveis.

Todas essas mudanças de paradigma já mencionadas começaram durante o século XX e também foram responsáveis por guiar uma transformação na mentalidade econômica da abordagem convencional ou neoclássica da economia ecológica.

Cabe salientar, em tempo, que a pandemia de Covid-19, alastrada principalmente entre os anos de 2019-2021, deverá acelerar e impulsionar ainda mais todo esse processo de mudança de paradigmas na sociedade, na economia e nos sistemas de produção em particular. Em especial, a maior preocupação com a saúde e com todos os fatores ambientais e sociais a ela atrelados deverá aumentar de forma significativa.

No século XX, a economia era considerada um sistema isolado, composto por diversos fatores, como as indústrias, as pessoas e o meio ambiente. Uma representação comum da abordagem neoclássica é o fluxo circular, ilustrado na Figura 2.4.

Figura 2.4 – O fluxo da economia circular.

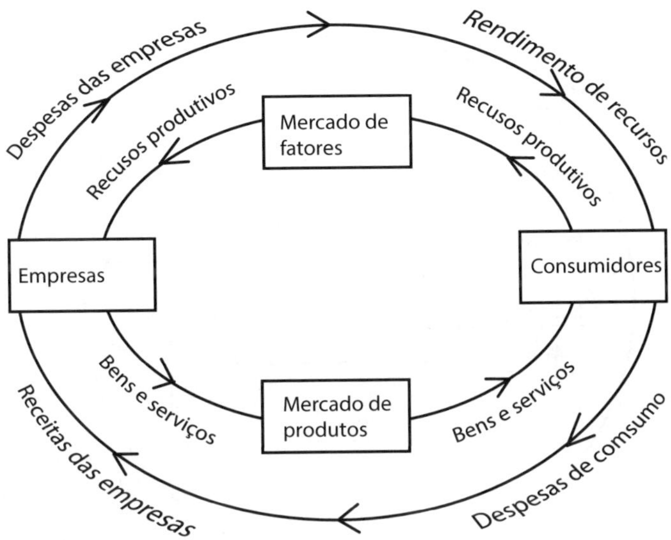

Essa mentalidade convencional é baseada em uma analogia entre economia e mecânica. Portanto, diferentes fatores econômicos poderiam ser substituídos indefinidamente, seguindo a *Lei da Conservação de Energia,* segundo Chechin e Veiga (2010). Em outras palavras, a expansão econômica era percebida como ilimitada, pois o capital natural sempre poderia ser substituído pelo capital manufaturado.

No entanto, no início do século XXI, uma abordagem econômica diferente surgiu, restabelecendo a analogia anterior entre a física e a economia. Essa visão contrastante, também chamada de bioeconomia, considera a Terra um sistema fechado. Em outras palavras, a visão sustenta que a Terra tem a capacidade de trocar energia, mas não acarreta nada ao resto do universo.

Além disso, como sistema, a Terra é composta por múltiplos subsistemas, como a economia e o meio ambiente. A economia, por sua vez, é classificada como um subsistema aberto que pode trocar regularmente matéria e energia com seu entorno (CECHIN & VEIGA, 2010).

Como resultado, a nova perspectiva questionou a visão de economia convencional e modelou o sistema econômico de acordo com as leis da termodinâmica. Georgescu-Roegen, representante da economia ecológica, rejeitou a representação circular das transações econômicas, que sugeria um fluxo infinito de bens e capitais, para propor o modelo de fluxo-fundo de produção ilustrado na Figura 2.5 de Georgescu-Roegen (1971).

Figura 2.5 – O Modelo de Fluxo-Fundo de Produção.

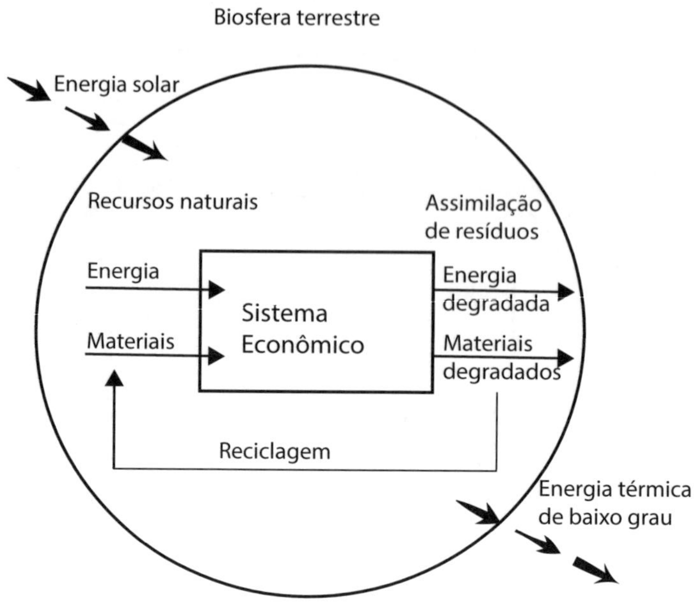

Fonte: Georgescu-Roegen (1971).

Assim,

> o modelo disruptivo identifica o meio ambiente como a fonte primária exclusiva de todos os fatores de produção, uma vez que a energia solar é o único influxo para a biosfera da Terra e, de acordo com a primeira lei da termodinâmica, matéria e energia não são criadas nem destruídas internamente (SCHNEIDER & SAGAN, 2005).

Além disso, a segunda lei da termodinâmica argumenta que a atividade econômica é responsável por transformar recursos naturais de baixa entropia em bens manufaturados enquanto gera subprodutos irreversíveis de alta entropia. Consequentemente, o limite de toda atividade econômica é representado pelo montante máximo suportável desses resíduos indesejáveis. Logo, qualquer expansão da produção econômica implica em um determinado custo, que pode vir a ser superior ao benefício proporcionado (CECHIN & VEIGA, 2010).

Portanto, qualquer nível de atividade econômica poderia ser classificado em um espectro de custo-benefício, que passa por um determinado estado estacionário, definido por Herman Daly como a situação em que os avanços no bem-estar da população não dependem da degradação ambiental e/ou social (DALY, 1991).

É justamente esse estado de equilíbrio o que as instituições internacionais buscam ao financiar pesquisas e projetos relacionados ao desenvolvimento sustentável. A manutenção de uma economia operando em estado estacionário impede que a humanidade ultrapasse a capacidade de suporte da Terra e evita o colapso catastrófico do planeta.

Essa preocupação com as gerações futuras sempre esteve implicitamente embutida no conceito de TBL, mas não impediu que o *framework* sofresse críticas pela falta de uma consideração explícita da dimensão do tempo (LOZANO, 2012).

Como resultado, Elkington propôs um *recall* estratégico do conceito, a fim de adaptá-lo às novas demandas e particularidades (ELKINGTON, 2018).

Para concluir, a ideia de examinar o triplo resultado de uma empresa está diretamente ligada aos Investimentos ESG, porque os investidores ESG sempre olham além do desempenho econômico e financeiro de uma empresa para avaliar o valor agregado holístico, tentando identificar potenciais metas de investimento que exploram vantagens competitivas substanciais.

Porém, na prática, o principal desafio para a adoção da abordagem do *triple bottom line* é a inexistência de uma unidade de medida padrão para quantificar todo o desempenho das organizações, tornando-as facilmente comparáveis (SLAPER & HALL, 2011).

Essa questão motivou algumas instituições a criar seus próprios indicadores, como o Indicador de Progresso Genuíno, que engloba 25 variáveis diferentes, contendo informações em dólares sobre os três pilares sustentados pela estrutura do TBL (TALBERTH et al., 2006).

Porém, a grande gama de opções para medir o impacto e o desempenho no mundo real de uma organização também cria barreiras para comparações diretas. A falta de uniformidade de relatórios e a diluição das métricas de avaliação representam as principais desvantagens para a aplicabilidade genuína do *framework* TBL (ELKINGTON, 2018).

2.3 ECONOMIA SOCIAL (SOLIDÁRIA)

A outra dimensão do conceito de sustentabilidade é a social. Nesse sentido cabe aqui discutir, ainda que em linhas gerais, o conceito de economia social ou economia solidária.

O conceito de economia social surgiu, historicamente com no contexto da Revolução Industrial, sob a influência do pensamento socialista do século XIX. No cerne desse pensamento encontravam-se práticas de solidariedade entre as classes trabalhadoras, dando origem a novas formas de organização da produção e do trabalho, como é o caso das cooperativas. Cabe lembrar o fato de que, ainda que esse movimento da economia social tenha se desenvolvido na era pós-revolução industrial, ela começou a ser gestada, de fato, junto com os ideais da Revolução Francesa no final do século XVIII, que incluíam os valores de igualdade, liberdade e fraternidade.

Muito próximo desse conceito está a economia solidária. Segundo um dos principais ideólogos do movimento no Brasil, o Prof. Paul Singer, a **economia solidária** é definida como o "conjunto de atividades econômicas – de produção, distribuição, consumo, poupança e crédito – organizadas sob a forma de autogestão". Compreende uma variedade de práticas econômicas e sociais organizadas sob a forma de cooperativas, associações, clubes de troca, empresas autogestionárias, redes de cooperação, entre outras, que realizam atividades de produção de bens, prestação de serviços, finanças solidárias, trocas, comércio justo e consumo solidário (SINGER, 2002).

Segundo Gaiger & Kuyven (2019) a visão mais comum da economia solidária refere-se a pequenos empreendimentos urbanos, que operam via de regra "nas franjas do desemprego e da informalidade, nos quais se produzem ou se vendem coletivamente bens de consumo em segmentos de atividades tradicionais, como alimentação, vestuário e artesanato, por vezes incorporando a oferta de itens ou de atividades com propósitos alternativos e sustentáveis, a exemplo das associações de reciclagem e das feiras ecológicas. Essas últimas concentram produtores e agricultores familiares, quase sempre organizados em cooperativas e associações localizadas em áreas rurais próximas ao perímetro urbano".

Mais recentemente, a maior conscientização dos problemas gerados pelas profundas e crescentes desigualdades sociais vem provocando novos movimentos em direção ao **empreendedorismo social ou empreendedorismo ético**. Nesse contexto, as empresas são organizações que não têm como principal finalidade maximizar lucros, prevendo em alguns casos restrições à distribuição dos excedentes, adotando o modelo de gestão democrática e participativa. Em resumo, o objetivo principal dessas organizações é o bem-estar dos seus membros e o equilíbrio social.

CAPÍTULO 3

Desafios e dimensões do desenvolvimento sustentável

3.1 DESENVOLVIMENTO SUSTENTÁVEL: ORIGENS, DESENVOLVIMENTOS RECENTES E REQUISITOS FUNDAMENTAIS

O debate sobre o tema desenvolvimento sustentável em suas várias dimensões vem de longa data. Ele tem sido abordado sob diferentes aspectos e com conotações distintas. Entretanto, é possível destacar alguns marcos na recente história dos encontros e fóruns internacionais envolvendo representantes de vários países, em especial, as diversas conferências sobre o meio ambiente realizadas pela Cúpula do Clima da Organização das Nações Unidas (ONU), em que se busca estabelecer um conjunto de tratados e protocolos destinados a balizar as condutas dos países.

O primeiro desses encontros ocorreu na Suécia em 1972 com a *Conferência sobre o Meio Ambiente Humano,* em Estocolmo. Desse encontro surgiu o *Programa das Nações Unidas para o Meio Ambiente (PNUMA)*, que passou a nortear as ações de governos em todo o mundo. Diante de um contexto marcado pela crescente degradação ambiental, tensão social e maior consciência da sustentabilidade, o evento sucedido em Estocolmo no ano de 1972, foi a primeira conferência mundial em que os países industrializados discutiram sobre as externalidades negativas da superprodução, o impacto causado pela humanidade sobre o meio ambiente e a forma como os governos deveriam agir para sustentar o sistema econômico adotado, garantindo estabilidade ambiental e social para o futuro. Os resultados dessa reunião foram consolidados na *Declaração de Estocolmo*, documento por meio do qual as nações concordaram em assumir a responsabilidade pelas consequências ambientais de suas ações, e um plano de ação composto por 109 recomendações.

Um dos principais pontos destacados nesse encontro foi o reconhecimento de que, na época, a produção industrial era a principal causadora da degradação ambiental. No entanto, como era esperado que a população global continuasse crescendo cada vez mais, os formuladores de políticas não sabiam exatamente como administrar sua produção industrial doméstica, que deveria atender ao aumento da demanda, mas não poderia ter o mesmo impacto de antes no meio ambiente.

Posteriormente, no ano de 1983, ocorreu a *Comissão Mundial sobre Meio Ambiente e Desenvolvimento*. O evento teve como destaque a publicação do *Relatório Brundtland*, que recebeu o nome em homenagem à Gro Harlem Brundtland – ex-primeira ministra da Noruega.

Já em 1987 aconteceu um novo encontro, gerador do documento intitulado *Protocolo de Montreal*. Esse evento reuniu um número expressivo de países (180 nações), que se comprometeram com as metas de redução da produção de gases causadores do estreitamento da camada de ozônio.

No ano de 1992 tem-se a *Conferência nas Nações Unidas sobre o Meio Ambiente e Desenvolvimento (CNUMAD)*, também conhecida como *ECO-92*, realizada na cidade do Rio de Janeiro, no Brasil. Nessa conferência estabeleceu-se a *Agenda 21 – Agenda de Desenvolvimento Sustentável*, documento este que foi assinado por 179 países.

Deve-se mencionar, ainda, o destaque em um dos mais importantes eventos internacionais para se discutir as perspectivas das nações em relação aos problemas ambientais globais: o *Protocolo de Kyoto*, no Japão, em 1997. Nesse encontro estabeleceu-se o protocolo de um tratado internacional com compromissos mais rígidos para a redução da emissão dos gases que provocam o efeito estufa. Após longa discussão e negociação entre os representantes dos países participantes, foi aberto para assinaturas em 11 de dezembro de 1997 e ratificado em 15 de março de 1999. Esse protocolo entrou em vigor em 2005.

Novo marco importante no debate sobre o desenvolvimento sustentável ocorreu no ano de 2002: o encontro RIO+10, *Cúpula Mundial sobre o Desenvolvimento Sustentável*, em Joanesburgo, África do Sul. Esse encontro teve por objetivo principal checar se os objetivos da *Agenda 21* estavam sendo alcançados.

Posteriormente, em 2007, aconteceu *a Conferência de Bali – Conferência das Nações Unidas sobre Mudança Climática (COP-13)*, envolvendo 187 países, que ratificaram seus compromissos com a redução dos gases estufa até 2050.

O *Encontro de Bangcok* de 2008, foi o evento que serviu primordialmente para preparar as negociações de um novo tratado internacional para o período pós-Kyoto, a partir de 2012, com vistas à redução das emissões de gases estufa entre 25% e 40% (em relação aos níveis de 1990).

No ano seguinte (2009) ocorreu novo encontro – a *Conferência Climática de Copenhagen*, capital da Dinamarca *(COP-15)*, considerado o mais importante evento da história recente dos acordos multilaterais ambientais, pois teve por objetivo estabelecer o *Acordo de Copenhague*, tratado que substituiria o *Protocolo de Kyoto*, vigente no período de 2008 a 2012. Nesse evento, foram debatidas questões, como o impasse entre países desenvolvidos e os em desenvolvimento, a fim de se estabelecer metas de redução de emissões e as bases para um esforço global de mitigação e adaptação. Cabe destacar, ainda, que essa conferência foi marcada pela chegada de

Barack Obama ao poder nos Estados Unidos da América, prometendo uma nova postura dos Estados Unidos frente às questões ambientais.

Em 2011 ocorreu a *16ª Conferência sobre as Mudanças Climáticas*, ou *Cimeira de Cancun*, no México. Cabe observar, em tempo, que essa conferência ocorreu após o fracasso verificado em 2009 na *COP 15*, na qual a presença de mais de 150 chefes de Estado não foi suficiente para se chegar a um entendimento sobre a redução das emissões de gases efeito estufa. A conferência de 2009 resultou apenas em um acordo mínimo, concluído e assinado às pressas por vinte chefes de Estado que se comprometeram a limitar, de maneira voluntária, o aquecimento global a dois graus Celsius, sem, contudo, especificarem os meios para atingir essa meta.

3.2 UM PONTO DE INFLEXÃO: OS 17 OBJETIVOS DE DESENVOLVIMENTO SUSTENTÁVEL (ODS) DA ONU

Em setembro de 2015, a Organização das Nações Unidas organizou uma reunião em sua sede, em Nova York, para permitir que seus estados membros definissem os Objetivos de Desenvolvimento Sustentável (ODS), que norteariam a *Agenda 2030* para o desenvolvimento sustentável. Os objetivos simplificados estão disponíveis na Figura 3.1. Esse conjunto de objetivos estabelece um *framework* global para avaliação de impacto socioambiental e será detalhado no Capítulo 7 deste livro.

Figura 3.1 – Os 17 Objetivos de Desenvolvimento Sustentável (ODS) da ONU.

A *21ª. Conferência do Clima "COP 21 - PARIS"* (2015): O mais recente tratado internacional é o Acordo de Paris, adotado em 2015, durante a *21ª Conferência das Partes* que ocorre, em Paris. Nesse último encontro reuniram-se 196 países membros da ONU. O objetivo principal era chegar a um consenso sobre como lidar com as mudanças climáticas (novo acordo global que, na época, podia substituir o Protocolo de Kyoto, até então, único instrumento legal da Convenção). Nesse sentido foi lançado o documento I*ntended Nationally Determined Contributions* (INDIC): Contribuições Intencionais Nacionalmente Determinadas, que define quanto, como e quando os países irão reduzir suas emissões. Muitos países já estão realizando processos de consultas nacionais sobre o tema, como foi o caso do Brasil. No entanto, o resultado ainda não foi disponibilizado.

Esse acordo prevê que cada país signatário deva desenvolver esforços e ações consequentes para combater as causas das mudanças climáticas, respeitando a autonomia dos países para tomarem as medidas adequadas às especificidades de cada um. Porém, o acordo prevê também que cada país deve relatar de forma regular suas emissões e o estágio alcançado nesse processo, para posterior avaliação, tendo em vista promover de forma acelerada a economia de baixo carbono e alcançar a meta mundial de "emissões zero" de gases efeito estufa no ano de 2050.

3.3 A CONFERÊNCIA CLIMÁTICA EM GLASGOW, REINO UNIDO (COP 26)

Prevista para ocorrer no ano de 2021, marcado pela profunda crise sanitária global, a pandemia do Coronavírus e sob o lema "Unindo o mundo para enfrentar as mudanças climáticas", a próxima *Conferência das Nações Unidas sobre as Mudanças Climáticas* (COP 26), deverá acontecer em Glasgow (Reino Unido) entre os dias 01 e 12 de novembro de 2021. Nesse próximo encontro deverão estar presentes representantes de cerca de 200 governos nacionais e o evento terá como objetivo principal acelerar as ações no sentido de mitigar a crise climática, em cumprimentos com as metas previstas anteriormente no *Acordo de Paris.*

Esse novo encontro de líderes mundiais em busca de soluções sustentáveis para o planeta deverá enfatizar **a urgência e as oportunidades de avançar para uma economia neutra em carbono e para isso, apelará para a necessidade de maior** cooperação internacional para enfrentar esse desafio. Nesse sentido, as principais metas que deverão compor a pauta de discussões dessa conferência podem ser resumidas da seguinte forma:

- A necessidade de se aprovar, de maneira urgente, um **pacote de medidas equilibrado e negociado** que atenda os desafios previstos no *Acordo de Paris* e que permita avançar rumo aos objetivos climáticos da ONU.

- No sentido de se garantir o sucesso da conferência, é preciso que todos os *países se comprometam a alcançar as emissões líquidas nulas quanto antes,* fazendo cortes significativos *antes de 2030.*

- Também se faz necessário encontrar formas de *auxílio efetivo às sociedades e economias para que se adaptem às mudanças climáticas*, especialmente as mais vulneráveis, para garantir uma transição justa.

- Por outro lado, destaca-se o grande desafio de substituições das fontes de energia poluentes por *sistemas energéticos limpos*, aproveitando a oportunidade oferecida pela rápida queda dos custos das *energias renováveis* e pelo *armazenamento energético.*

- Necessário, ainda, promover a *aceleração da transição para um modelo de transporte sem emissões de carbono,* eliminando gradualmente os motores a gasolina e diesel.

- Para que tudo isso seja possível, é imprescindível realizar a *transformação verde do sistema financeiro*, para que todos os países possam impulsionar *investimentos limpos e resilientes como, a propósito, são os objetivos dos modelos de investimentos ESG.*

Fonte: Iberdrola, online. Disponível em: https://www.iberdrola.com/sustentabilidade/contra-mudancas-climaticas/cop26.

Em síntese, pode-se afirmar que os grandes desafios no sentido de promover a *descarbonização* da economia mundial exigem *inovação* e o *compromisso de todos os agentes sociais*: cidadãos, investidores, empresas, países, regiões e cidades.

Desse modo, pode-se constatar que as frequentes conferências do clima nas últimas décadas e as constantes ratificações de acordos sinalizam, pelo menos, uma clara tendência de aumento da consciência de governos e instituições internacionais com relação às alterações climáticas e aos desafios do desenvolvimento sustentável.

Nesse contexto é que se propõe discutir nos próximos capítulos como essa tendência pode influenciar diversos segmentos da economia e da sociedade, buscando analisar a importância das ações de governos, empresas, investidores e consumidores face a esses novos desafios.

3.4 DIFERENTES ABORDAGENS E DIMENSÕES DO TEMA SUSTENTABILIDADE

Na literatura, de maneira geral, pode-se encontrar uma vasta gama de publicações que abordam o tema sustentabilidade em suas várias facetas e em diversos âmbitos de análise. Desse modo, pode-se considerar que o tema deve ser tratado de forma sistêmica e integrada a partir de três vertentes básicas (*Triple Bottom Line*), ELKINGTON (1997) que são: a dimensão socioeconômica, a dimensão ambiental e a dimensão cultural. A seguir são descritos alguns dos temas mais relevantes presentes em cada uma dessas dimensões.

Na di*mensão socioeconômica*, sabe-se que toda e qualquer atividade produtiva deve ser economicamente viável e sustentável ao longo do tempo, isto é, qualquer empreendimento humano destinado à produção de bens e/ou serviços, necessita ser rentável para se justificar como tal. De fato, isso se constitui em um dos princípios da teoria econômica em quaisquer de suas vertentes. Por outro lado, ainda, pode-se considerar que a empresa moderna, além de seus objetivos puramente econômicos (maximização dos seus lucros, maior participação nos mercados, maximização do retorno sobre os investimentos etc.) também realiza suas funções sociais ao gerar renda e emprego nas regiões onde atua. Porém, essa parece se constituir em uma visão tradicional e limitada da responsabilidade social das empresas nos dias de hoje, tendo em vista as enormes disparidades sociais e a incapacidade do Estado em resolver a totalidade dessa problemática. Sob uma perspectiva mais ampla e profunda da sustentabilidade, as empresas devem participar mais ativamente nos seguintes desafios da sociedade contemporânea:

- Comprometer-se em participar de diversas maneiras em ações individuais (políticas internas) e coletivas (por meio de ações conjuntas em sindicatos, entidades de classe etc.) e até mesmo em ações de cooperação internacional para acelerar o desenvolvimento sustentável no planeta.
- Desenvolver de maneira objetiva ações para combater a pobreza, estimulando o desenvolvimento de atividades produtivas junto às comunidades onde a empresa atua. Há exemplos de empresas, nos mais variados ramos de atividade econômica, que estão buscando conciliar seus objetivos puramente econômico-financeiros com ações sociais bem conduzidas e que provocam efeitos benéficos nas comunidades e locais em que operam.
- Outro desafio que se coloca para a sociedade moderna como um todo e que envolve diversos agentes públicos e privados (empresas) diz respeito à necessidade de se alterar o atual *padrão de consumo.* A lógica preponderante na chamada *sociedade de consumo*, encabeçada pelos Estados Unidos da América no período pós II Guerra Mundial não se sustenta mais nos dias atuais. A noção de *capacidade de carga do planeta* impõe limites à lógica da máxima produção e máximo consumo, estimulados pela estratégia de obsolescência planejada dos produtos inerentes aos planos de marketing das grandes empresas. Sob tal estratégia, as áreas de novos negócios e de inteligência de mercado (*business intelligence*) demandam constantemente novos projetos de novos produtos de seus engenheiros e projetistas, tornando o ciclo de vida útil dos produtos cada vez menores.
- Do ponto de vista das *condições de trabalho e da qualidade de vida dos profissionais*, as empresas se defrontam com outros desafios, que vão desde ações de proteção e promoção da saúde humana, em seus aspectos mais básicos, até planos de desenvolvimento sustentável das pessoas, por meio de investimentos em treinamento e principalmente em educação de qualidade para, de fato, desenvolver as potencialidades de seus empregados.

Certamente considerada a face mais visível do termo sustentabilidade, a *dimensão ambiental* traz uma série de desafios e questões das mais sérias em termos dos impactos do modelo de desenvolvimento econômico gerido ao longo do último século. Algumas das mais notáveis manifestações do atual paradigma de produção e consumo podem ser evidenciadas por um conjunto de indicadores da crise ambiental que vem marcando a humanidade nas últimas décadas: A crescente devastação das matas e florestas, a contaminação da água e a sobre-exploração de mantos aquíferos, a erosão dos solos, a desertificação de vastas regiões do planeta, a perda da diversidade agrícola, a destruição da camada de ozônio e o crescente aquecimento global do planeta, consequência da, também crescente, emissão dos gases efeito estufa.

No sentido de se reverter tal tendência é que se desenvolvem uma série de programas governamentais e práticas empresariais e de várias organizações da sociedade civil, como: programas de fomento da prática da agricultura e do desenvolvimento rural sustentável, estratégias e modelos de gestão ecologicamente racional da biotecnologia, ações de conservação da biodiversidade, programas e ações de proteção da qualidade dos recursos hídricos, iniciativas de gestão ecologicamente racional dos produtos químicos tóxicos, dos rejeitos perigosos, assim como dos rejeitos sólidos etc. Vide a propósito, como manifestação concreta das preocupações governamentais a esse respeito, a recente implementação da *Política Nacional de Resíduos Sólidos* (Lei 12.305/2.010) por parte do governo brasileiro.

Por fim, porém de igual importância, considera-se também como uma vertente da sustentabilidade a *dimensão cultural*. Tal dimensão envolve aspectos que vão desde a multiplicidade de valores e crenças, das diversas formas de produção e difusão do conhecimento nas comunidades, até a diversidade de línguas, expressões artísticas e visões de mundo, incluindo ações de educação para o desenvolvimento sustentável.

Cabe salientar, ainda, que o tema também pode ser tratado do ponto de vista normativo, isto é, considerando-se uma miríade *de códigos, normas, princípios e modelos*, que se destinam a nortear as boas práticas das empresas e organizações. No seu conjunto, tais códigos, padrões, princípios e normas servem para certificar e avaliar empresas que estão a caminho da sustentabilidade. Dessa forma, as empresas podem se apoiar em referenciais de reconhecimento universal e se planejar para o desenvolvimento de ações mais consistentes para atingir seus objetivos. Além disso, aquelas empresas que seguem de forma correta tais normas e códigos, obtêm um certificado que pode ser divulgado a todos os seus parceiros de negócio (stakeholders), e, consequentemente, podem também ser consideradas referências em seus respectivos ramos de atuação (AMATO NETO, 2014).

A seguir, são apresentados alguns desses códigos, normas, princípios e modelos que estão norteando as boas práticas de sustentabilidade nas empresas:

- O *Global Impact*, criado em 2000, é uma parceria internacional que reúne ONU, empresas e organizações da sociedade civil e pública. Estabelece princípios a serem incluídos na estratégia e na operação das empresas. A adesão exige comprometimento explícito com princípios relativos ao trabalho, direitos humanos, meio ambiente e corrupção. De adesão voluntária, esse pacto engloba 10 princípios agrupados em 4 categorias, a saber: *direitos humanos, direito do trabalho, proteção ambiental, ações contra a corrupção.*

- Por outro lado, as *Diretrizes da OCDE para empresas multinacionais* apontam que os governos são obrigados a promover um código de conduta que induz uma conduta responsável para o setor privado em áreas como direitos humanos, abertura de informações, combate a corrupção, impostos, relações trabalhistas, meio ambiente e respeito ao consumidor. Cabe salientar que são os governos e não as empresas que podem aderir a tais diretrizes. Por outro lado, observa-se que essas diretrizes vêm se tornando uma referência para a criação de códigos de conduta para outras empresas. Em alguns países, como França e Holanda, a empresa só pode exportar seus produtos e serviços se comprovarem adesão às Diretrizes.
- O *Global Reporting Initiative (GRI,)* criado em 1997 e refere-se a um conjunto de indicadores que são referência para a criação de um padrão global de divulgação de informações sobre desempenho econômico, ambiental e social. A adesão às diretrizes do GRI é voluntária, gratuita e de livre acesso. Propõe um formato padrão para a apresentação de relatórios.
- Tendo por objetivo principal o acompanhamento da produção de relatórios contábeis de auditoria e de sustentabilidade destinados à divulgação pública, desde a fase de planejamento até a fase de divulgação, foi criada a *Norma AA 1000.* Essa norma fornece mecanismos para avaliar a métrica empregada e verificar os dados e está voltada, sobretudo, às informações não financeiras. Trata-se de uma iniciativa de adesão voluntária, disponível sem custos e utilizada pelo setor privado, por ONG e por entidades públicas.
- Já a *SA 8000* da *Social Accountability International (SAI),* uma organização não governamental de atuação transnacional, é uma norma voluntária, formulada por consenso, que visa manter condições de trabalho decentes em toda a cadeia produtiva da empresa que a adota. Após um levantamento na empresa para a verificação da conformidade com a SA 8000, a SAI emite um certificado, que vale por três anos. A cada três anos, a empresa é revisada. Poucas empresas tentam esse certificado, pois o custo é muito alto para se obter um certificado exclusivo de condições de trabalho.
- Por seu turno, as normas da série *ISO 14000 - Sistema de Gestão Ambiental* têm como objetivo melhorar o desempenho ambiental, estimular a prevenção da poluição e aprimorar a conformidade com as diferentes legislações ambientais. Organizações credenciadas da ISO emitem o certificado, e a sua manutenção depende de avaliação completa refeita a cada três meses.

Os principais pilares que compõem a ISO 14.000 são:

- Prevenção no lugar da correção;
- Planejamento de todas as atividades, produtos e processos;
- Estabelecimento de critérios;

- Coordenação e integração entre as partes (subsistemas);
- Monitoração contínua;
- Melhoria contínua.

Fonte: Fundação Vanzolini, 2004.

Em síntese, o grande objetivo dessa norma é conciliar a proteção ambiental com as necessidades socioeconômicas da população.

- Já o *Sistema de Saúde e Segurança Ocupacional (OHSAS 18001)* é uma norma que estabelece um Sistema de Gestão de Segurança e Saúde Ocupacional tendo por objetivo principal minimizar os riscos ao funcionário.

- O *Sistema de Gestão ABNT 16001 – Responsabilidade Social* trata-se de uma norma cujo objetivo principal é o de estabelecer requisitos mínimos relativos a um sistema da responsabilidade social. Tais requisitos relacionam-se, basicamente, às seguintes atividades na empresa: *Promoção da cidadania, Promoção do desenvolvimento sustentável, e Transparência das suas atividades.*

- No mesmo sentido foi instituída a *ISO 26000 para Responsabilidade Social Corporativa (RSC).* Trata-se de uma norma de diretrizes, sem o propósito de certificação, aplicável a todos os tipos e portes de organizações (pequenas, médias e grandes) e de todos os setores (governo, ONG e empresas privadas). A norma define que responsabilidade social é a responsabilidade de uma organização pelos impactos de suas decisões e atividades na sociedade e no meio ambiente, por meio de um comportamento ético e transparente.

- No ano de 1999 foi lançado o *Índice Dow Jones de Sustentabilidade (IDJS),* que se propunha a avaliar o desempenho de empresas em sustentabilidade. É um instrumento que auxilia a empresa a avaliar o equilíbrio entre o retorno financeiro e atuação ética. Ele é composto por um conjunto de índices que avaliam o desempenho financeiro de empresas de capital aberto líderes em sustentabilidade, por área geográfica e por setores industriais. O IDJS tem uma série de critérios e pesos para definir oportunidades e riscos econômicos, sociais e ambientais das empresas. Para serem incluídas, essas empresas têm de responder a um detalhado questionário, renovado a cada ano, e submetem-se a uma verificação externa. As empresas aprovadas têm o direito de usar a marca por um ano. O IDJS foi o primeiro indicador formulado para identificar a capacidade das empresas de criarem valor no longo prazo para os acionistas, por meio da gestão de oportunidades e riscos econômicos, ambientais e sociais. Atualmente, uma crítica presente ao IDJS é que pelo fato de ser pequeno o número de empresas na relação, o movimento de entrada e saída desse grupo varia pouco, portanto o IDJS não dá incentivo para empresas que estão muito longe da classificação de tentarem evoluir.

- Promulgada nos Estados Unidos da América em 2001, a Lei Sarbanes-Oxley tem como objetivo principal evitar fraudes e promover a ética. Para terem seus papéis negociados nas Bolsas de Valores do país, as empresas de capital aberto, tanto estadunidenses quanto estrangeiras, têm de se submeter aos ditames da *SarbOx*. O conselho *Public Company Board* disciplina e impõe a conformidade com a lei, com pena de 10 a 20 anos para quem infringi-la.

Nessa mesma linha foi lançada recentemente a norma ISO 37000 de Antissuborno. Essa norma objetiva orientar e apoiar as empresas e organizações de uma forma geral no sentido de combaterem qualquer tipo de suborno, com base em um conjunto de procedimentos e de uma "cultura de integridade, transparência e conformidade com as leis e regulamentações aplicáveis, com os requisitos definidos pela ISO 37001, além das normas específicas definidas pela própria organização". udo isso deve estar alinhado às políticas, procedimentos e controles internos à organização em questão. (Fundação Vanzolini, https://vanzolini.org.br/produto/gestao-antissuborno/, acesso em 20/9/2021).

CAPÍTULO 4

Evolução dos mercados financeiros – Investimentos ESG e de impacto

Com a crescente consciência da sustentabilidade socioambiental, as empresas passaram a questionar qual seria o futuro dos mercados financeiros sob um novo marco regulatório adotado pelas autoridades para buscar novas oportunidades, proteger riscos potenciais e amenizar seu próprio processo de adaptação às novas diretrizes.

Em paralelo, há que se destacar a nova revolução tecnológica em curso, a *Indústria 4.0*, que provoca profundas transformações sem precedentes na história mundial. Tal revolução, cria, em particular, uma gama diversificada de alternativas e oportunidades para as empresas inovarem, buscando maiores participações de mercado e margens mais atraentes. Por outro lado, essa revolução contribui, também, para a transformação de práticas sustentáveis, como o emprego da economia circular e novos sistemas de produção de ciclo fechado.

Portanto, as empresas devem decidir como se posicionar nesse ambiente dinâmico, considerando não apenas as novas tendências regulatórias, mas também, as oportunidades derivadas de novos desenvolvimentos tecnológicos e possíveis modificações nas preferências do consumidor. Consequentemente, alguns investidores podem considerar mudar suas abordagens de investimento ao avaliar ações ou projetos de investimento para incorporar ganhos potenciais de medidas sustentáveis tomadas por algumas corporações.

4.1. INVESTIMENTOS ESG – *ENVIRONMENTAL, SOCIAL AND GOVERNANCE*

Investimento ESG é definido como uma estratégia de investimento que considera não apenas o cenário macroeconômico, a estratégia corporativa e os relatórios financeiros, mas também os dados não financeiros e como a empresa se posiciona de acordo com as questões de desenvolvimento sustentável, ao avaliar os potenciais alvos para um investimento de longo prazo.

Assim como as estratégias de investimento tradicionais, o investimento ESG se preocupa principalmente com os retornos financeiros derivados do desempenho da empresa-alvo e as expectativas do mercado em relação a seus fluxos de caixa futuros. A diferença é que, ao buscar alvos de investimentos que superem o mercado, os investidores ESG avaliam também aspectos não tradicionais que podem gerar valor.

Alguns dos aspectos não tradicionais incorporados nessa análise são Ambientais, Sociais e de Governança (sigla ESG em inglês), que podem representar uma vantagem competitiva de longo prazo de uma determinada empresa sobre seus concorrentes, criando valor substancial e aumentando os retornos ajustados ao risco. Uma amostra dos possíveis tópicos levados em consideração em cada um desses aspectos é listada a seguir:

- Ambiental: Riscos de mudança climática, fornecimento de água e matéria-prima, poluição e gerenciamento de resíduos, energia renovável;
- Social: Saúde e segurança do trabalho, segurança do produto, rede de fornecedores e parceiros, iniciativas de impacto social;
- Governança: Metodologia de remuneração dos executivos, direitos dos acionistas e ética empresarial, diversidade da força de trabalho, transparência nos relatórios da empresa.

Assumindo que a consciência ESG representa uma fonte de vantagem competitiva, a capacidade de uma determinada empresa de gerar impactos ambientais e sociais positivos não é o principal fator a ser considerado na decisão de onde investir, mas uma consequência desejável.

As empresas amigáveis ESG podem explorar a vantagem competitiva que se origina de: melhor custo-eficiência operacional; imagem e reputação de marca aprimoradas; menor exposição ao risco; menor risco de inconformidade com regulamentos futuros; e maiores *valuations*.

Cada um desses fluxos de valor será explicado, detalhado e profundamente analisado na próxima seção deste livro.

É perceptível, no entanto, que ainda há um debate na literatura acadêmica entre aqueles que pensam que as práticas ESG criam valor para os acionistas, e aqueles que argumentam que empresas amigáveis ESG incorrem em custos mais elevados que reduzem suas margens potenciais. Porém, como a literatura existente é excessivamente focada em países desenvolvidos, geralmente não considera algumas particularidades enfrentadas por mercados emergentes, como o Brasil, que é o foco deste estudo.

Ao analisar as recentes questões políticas brasileiras, demografia social e tendências macroeconômicas, este estudo entende que as práticas amigáveis ESG criam e sustentam vantagens competitivas adicionais para seus investidores nesta geografia específica, que se traduzem em geração de valor e, consequentemente, em ações mais fortes. Assim, os investidores que adotam estratégias de investimento ESG têm maior probabilidade de obter retornos ajustados ao risco mais elevados.

4.1.1 FLUXOS DE VALOR ADICIONAIS EM INVESTIMENTOS ESG

Conforme apresentado anteriormente, os investidores ESG acreditam que as empresas preocupadas com questões ambientais, sociais e de governança corporativa podem explorar fontes de vantagem competitiva de longo prazo que criam valor para seus proprietários e acionistas.

Esta seção tem o objetivo de descrever melhor como a adoção de boas práticas ESG pode representar uma fonte de vantagem competitiva que se traduzirá em maior lucratividade e aumento no valor das ações. Busca-se analisar cada um dos seguintes fluxos de valor ESG adicionais, com base na literatura acadêmica existente, percepções do autor e exemplos ilustrativos.

- Melhor custo-eficiência operacional;
- Imagem e reputação de marca aprimoradas;
- Menor exposição ao risco;
- Menor risco de inconformidade para regulamentos futuros;
- Maiores *valuations*.

4.1.1.1 Melhor custo-eficiência operacional

Todo investidor experiente leva em consideração a eficiência de custo operacional ao selecionar investimentos, porque representa a capacidade da empresa de usar seus ativos para gerar o maior lucro possível para proprietários e acionistas. Além disso, empresas eficientes podem sustentar fluxos de caixa mais fortes, enquanto lucros maiores permitem que tomem decisões que promovam sua competitividade.

Segundo alguns dos modelos de *valuation* mais adotados, fluxos de caixa mais fortes são traduzidos em previsões futuras de lucros e dividendos mais altas. Portanto, os investidores que preferem crescimento no valor das ações ou dividendos têm fortes motivações para procurar empresas eficientes.

De acordo com Khan et al. (2015) empresas que descobrem quais questões ESG são estrategicamente importantes para seus negócios e adotam práticas sustentáveis naquelas classificadas como as mais importantes têm melhor desempenho no mercado de ações do que seus concorrentes.

Ao analisar como a bolsa de valores avaliou os esforços das empresas globais para serem eficientes em carbono, a *BlackRock* (empresa estadunidense e a maior em gestão de ativos no mundo) concluiu que as empresas com maior melhoria em sua pegada de carbono superaram o mercado (BLACKROCK, 2018).

Tal análise utilizou o banco de dados ASSET4 para calcular a intensidade de carbono de todas as empresas do índice MSCI World, dividindo suas emissões anuais de carbono pela receita líquida anual. Em seguida, as empresas foram classificadas e agrupadas em cinco quintis iguais com base em sua mudança ano a ano na pegada de carbono, sendo o primeiro trimestre composto por empresas que reduziram ao máximo o impacto de suas emissões e o quinto trimestre representando aquelas com a menor melhoria. Finalmente, o desempenho do preço das ações de cada quintil foi comparado ao índice MSCI World. Os resultados do experimento estão representados na Figura 4.1.

Figura 4.1 – Melhoria da eficiência do carbono e desempenho no mercado de ações.

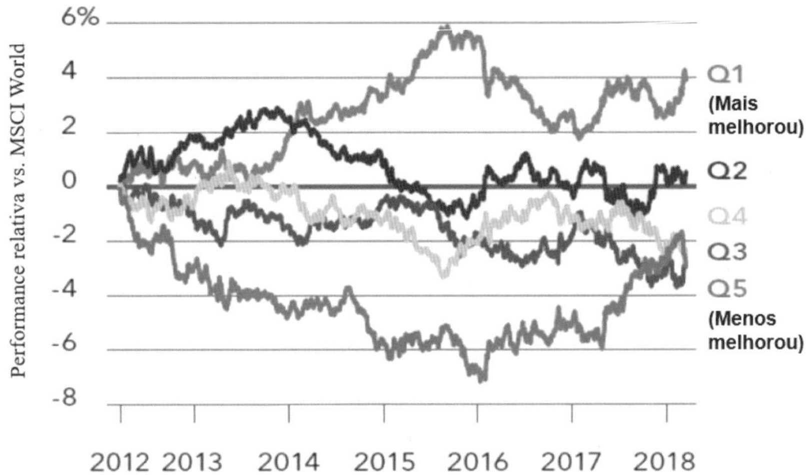

Fonte: (BLACKROCK, 2018).

Esses resultados positivos para o aprimoramento das empresas podem ser parcialmente explicados como consequência das conquistas da revolução tecnológica em andamento, que aumentam a concorrência em produtos sustentáveis e criam melhores condições de acesso às práticas amigáveis ESG. Um exemplo dessa tendência é a recente redução no custo das fontes renováveis de energia evidenciada pela Agência Internacional de Energia Renovável (IRENA). De acordo com o relatório de custos de geração de energia renovável de 2017, o custo médio global da eletricidade eólica terrestre caiu 23% de 2010 a 2017, enquanto o custo dos projetos solares fotovoltaicos diminuiu 73% no mesmo período (IRENA, 2017).

Esses resultados, disponíveis na Figura 4.2, indicam preços competitivos para fontes renováveis de energia. Em média, a energia solar é comercializada a US$ 0,10 / kWh, enquanto a energia eólica terrestre custa US$ 0,06 / kWh.

Figura 4.2 – Redução do custo de fontes de energia renovável.

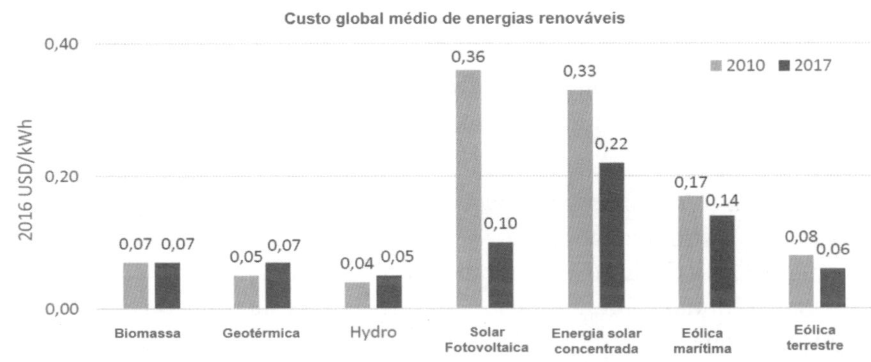

Fonte: (IRENA, 2017).

A tendência de queda nos custos de energia renovável, evidenciada no período 2010-2017 deve continuar nos próximos anos, impulsionada por leilões mais competitivos, maiores investimentos em inovação de base tecnológica e uma grande base de desenvolvedores de projetos experientes.

No Brasil, a IRENA descobriu que o preço médio anual dos módulos solares fotovoltaicos diminuiu 24% de 2015 a 2016, enquanto os custos totais médios ponderados da energia eólica terrestre reduziram 17% de 2010 a 2016.

4.1.1.2 Imagem e reputação de marca aprimoradas

Além do valor adicional gerado por uma melhor eficiência de custo operacional, empresas com boas práticas ESG podem explorar melhores retornos resultantes de sua imagem e reputação de marca. Firmas com valor de marca substancial desfrutam de vantagens competitivas que possibilitam práticas, como a possibilidade de cobrar mark-ups mais altos e promover ganhos de percepção e lealdade de clientes.

Um estudo realizado pela Nielsen (2015) concluiu que as empresas com impacto social positivo são mais bem percebidas pelos clientes, que estão cada vez mais dispostos a pagar prêmios aos produtos e serviços por eles fornecidos. De acordo com a pesquisa, 66% dos clientes relataram uma maior disposição para pagar por produtos amigáveis ESG em 2015, representando um crescimento significativo em relação aos 33% que deram a mesma resposta quando questionados em 2013.

Wang et al. (2015) encontraram conclusões semelhantes analisando uma amostra de empresas taiwanesas de alta tecnologia de 2010 a 2013. Aplicando uma regressão quantílica e um modelo de equação estrutural, os autores verificaram que o nível de Responsabilidade Social Corporativa (RSC) teve um fator causal positivo e significativo com o valor da marca e tanto o nível de RSC quanto o valor da marca afetam positivamente o desempenho da empresa.

Rivera et al. (2016) fizeram uma análise do Índice de Satisfação do Cliente Americano e iniciativas de RSC relatadas por 65 empresas dos Estados Unidos da América para procurar ligações potenciais entre as práticas amigáveis ESG e a reputação da marca. Embora os resultados da ratificação mostrem uma relação positiva entre a RSC e a satisfação do cliente, Riviera et al. (2016) concluíram que o excesso de iniciativas de comunicação corporativa de RSC teve um impacto negativo sobre a satisfação do cliente.

Em resumo, as empresas amigáveis ao ESG geralmente têm sua estratégia corporativa mais alinhada aos valores do cliente, principalmente considerando aquelas pertencentes à Geração Y, que impulsionará o mercado brasileiro nas próximas décadas devido à mudança demográfica em que o país está inserido atualmente. Esse alinhamento permite que empresas com boas práticas ESG tenham uma melhor percepção da marca, o que está diretamente relacionado a maiores retornos financeiros esperados.

No entanto, a abordagem de comunicação adotada na divulgação de iniciativas de RSC interfere na sua aceitação pelos clientes. As empresas devem encontrar uma forma de comunicar seus esforços ESG aos clientes, informando apenas alguns indicadores-chave de desempenho confiáveis e evitando campanhas de marketing repetitivas, que podem ter um efeito negativo sobre a satisfação do cliente, conforme evidenciado por Riviera et al. (2016).

4.1.1.3 Menor exposição ao risco

Ao aplicar técnicas de investimento ESG, alguns investidores conseguem mitigar riscos comuns à indústria e riscos específicos das empresas que desejam investir, uma vez que as empresas com melhores práticas ESG estão menos expostas a grandes riscos de desvantagem competitiva.

Empresas com padrões de qualidade mais elevados, melhor controle de risco e conformidade com a regulamentação são menos vulneráveis aos sistemáticos choques de mercado e têm menos desvantagens específicas. Portanto, o investimento ESG pode ser usado como uma ferramenta complementar de gerenciamento de risco.

Esta subseção descreverá como a falta de consideração das questões ESG representa um risco adicional enfrentado por algumas empresas, e que pode ser avaliado negativamente pelos investidores. Para torná-lo mais tangível, será analisado um conhecido caso envolvendo a mineradora brasileira Vale S.A., uma das empresas mais valiosas do Brasil e a maior mineradora de ferro do mundo, que sofreu no dia 25 de janeiro de 2019 seu segundo choque negativo devido ao rompimento de uma barragem de rejeitos. Foram dois desastres que contribuíram para uma perda imensurável da reputação da marca, fazendo com que os preços das ações encolhessem imediatamente devido às multas esperadas e riscos adicionais enfrentados pela empresa, conforme mostrado na Figura 4.3.

Figura 4.3 – Valor das ações da Vale na NYSE.

O primeiro incidente aconteceu em novembro de 2015 e é considerado a pior catástrofe ambiental da história do Brasil, envolvendo o rompimento de duas barragens operadas pela Samarco, *joint-venture* entre Vale e BHP Billiton, cada uma com 50% da propriedade. A falha matou 19 civis e danificou significativamente o meio ambiente, contaminando rios próximos que forneciam água potável para várias cidades. A lama varreu pessoas, carros e casas em sua disseminação descontrolada na região de Mariana, em Minas Gerais. Como consequência, a Samarco foi multada em R$ 656,5 milhões e o governo brasileiro decidiu suspender suas atividades[1].

O segundo acidente foi semelhante ao primeiro, mostrando que a empresa manteve a desconsideração das questões ESG após o primeiro incidente. O rompimento de outra barragem lançou lodo em um município chamado Brumadinho, também no estado de Minas Gerais, causando centenas de mortos, destruindo prédios e cobrindo a cidade de lama. Até hoje, meses após o episódio, as investigações estão em andamento, as autoridades lutam para encontrar os corpos desaparecidos e não há consenso sobre como avaliar os danos totais por eles causados. Em 24 de janeiro de 2019, um dia antes do segundo desastre, as ações da Vale negociadas na NYSE fecharam o dia a US$ 14,86, enquanto quatro dias depois o preço de fechamento foi de US$ 11,20. Isso representa uma redução instantânea de quase 25% da participação de mercado da empresa. Além disso, até abril de 2019, o preço de fechamento mais alto após o episódio foi de US$ 13,82 (ainda 7% menor do que antes do acidente), o que significa que a empresa não estava totalmente recuperada do choque.

Dessa vez, a Vale sofreu consequências negativas significativas: foi autuada em R$ 350 milhões em penalidades, oito executivos foram presos e seu ex-presidente, Fábio

1 BBC. [Online] 2015. [Access: April 15, 2019]. https://www.bbc.com/news/world-latin-america-34772319

Schvartsman, foi temporariamente afastado do cargo. Além disso, a classificação de crédito da Vale foi colocada em revisão nas principais agências de classificação de crédito, sendo rebaixada pela Moody's de Baa3 para Ba1[2] e pela Fitch de BBB + para BBB-[3].

A Vale está atualmente sofrendo as consequências negativas de ser rebaixada por agências de classificação de crédito. Devido ao risco adicional, os investidores exigem maiores retornos para financiar as atividades da Vale, portanto, hoje em dia a empresa tem um custo de capital mais elevado e menor valor de mercado do que antes do acidente.

Em suma, as consequências dos desastres podem ser descritas como: perda de reputação da imagem da marca, alto valor a ser pago a título de penalidades às autoridades e indenizações às vítimas, perda de pessoal experiente, perda de confiança para ser financiado a longo prazo e gastos extras em investimentos de manutenção para evitar desastres futuros.

O caso da Vale ilustra por que as empresas que negligenciam as questões ESG são mais voláteis e suscetíveis a riscos de queda de suas ações. Ao analisar as demonstrações financeiras divulgadas pela Vale, fica claro que ao longo dos últimos anos a empresa optou por manter sua política de distribuição de dividendos no mesmo patamar, mesmo quando os resultados eram insatisfatórios. Entretanto, a empresa reduziu seus investimentos na manutenção dos ativos existentes, como mostra a Figura 4.4. Essa decisão indica a estratégia geral adotada para priorizar o pagamento de dividendos sobre a mitigação de riscos.

Figura 4.4 – Priorização da política de dividendos da Vale vs. Investimentos

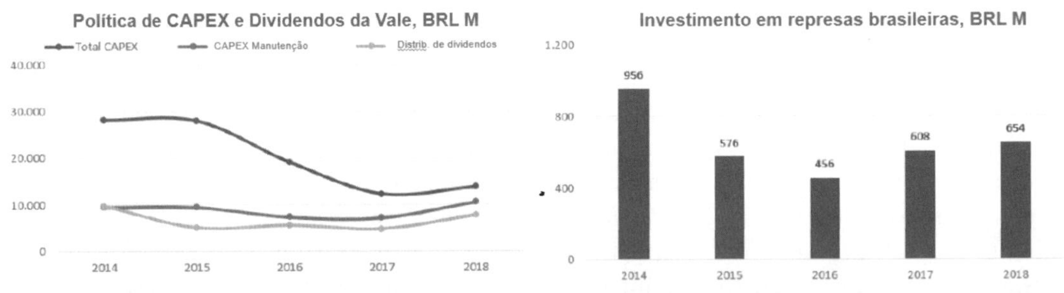

A partir desses episódios, investidores e executivos brasileiros passaram a aumentar sua preocupação geral com as questões ESG ao tomar decisões e selecionar investimentos, a fim de evitar grandes riscos futuros. Consequentemente, espera-se

2 Moodys. [Online] 2019. [Access: April 15, 2019]. https://www.moodys.com/research/Moodys-downgrades- Vale-to-Ba1-negative-outlook--PR_395758

3 Valor Econômico. [Online] 2019. [Access: April 15, 2019]. https://www.valor.com.br/empresas/6092683/fitch- rebaixa-rating-global-da-vale-de-%3Fbbb%3F-para-%3Fbbb-%3F

que os agentes financeiros brasileiros aumentem sua consciência sobre as questões ESG ao longo dos próximos anos.

4.1.1.4 Menor risco de inconformidade com regulamentos futuros

Dada a crescente conscientização sobre a importância das questões ESG e seus efeitos potenciais, as instituições globais estão preocupadas com a necessidade de promover o desenvolvimento sustentável, conforme anteriormente.

No futuro próximo espera-se que os governos nacionais se posicionem a favor da tendência promovida pelos *17 Objetivos de Desenvolvimento Sustentável das Nações Unidas* e pelo *Acordo de Paris*. Episódios como o rompimento de barragens da Vale têm repercussão mundial por meio dos canais de mídia e reforçam o porquê as autoridades devem criar e fazer cumprir leis que promovam o desenvolvimento sustentável.

As empresas terão que adaptar suas operações à nova estrutura regulatória e esse processo provavelmente beneficiará os primeiros usuários ESG e penalizará os retardatários. As empresas que empregam boas práticas ESG, mesmo quando não são obrigadas a fazê-lo, são mais flexíveis para se adaptarem a novos requisitos, porque sua estratégia e estrutura organizacional são mais utilizadas para enfrentar os desafios do desenvolvimento sustentável.

Tradicionalmente, as externalidades negativas não representavam um custo para as empresas que as produzem. No entanto, considerando a crescente consciência pelas questões ambientais e sociais, os governos começaram a intervir para "consertar" as falhas do mercado, por exemplo, a negligência com as questões ambientais, fazendo com que as empresas internalizassem os custos externos ou promovendo inovações amigáveis ao meio ambiente.

Em 2019, mais de 40 governos em todo o mundo adotaram alguma medida de precificação de carbono.[4] Essas políticas ambientais podem ser categorizadas como:

- Políticas de Comando e Controle: os formuladores de políticas definem padrões de desempenho ou tecnológicos para controlar o nível de emissões e aplicam penalidades às empresas não conformes.
- Regulamentação econômica: os formuladores de políticas definem os preços para as emissões e permitem que as empresas decidam como agir, considerando os benefícios e subsídios fiscais. Assim, as empresas são obrigadas a internalizar os custos externos.
- Mercado regulado: os formuladores de políticas definem a quantidade máxima de emissões e as empresas podem negociar cotas. Essa opção representa

4 The New York Times. [Online] 2019. [Access: April 15, 2019]. https://www.nytimes.com/interactive/2019/04/02/climate/pricing-carbon-emissions.html

uma oportunidade para as empresas com custos de abatimento mais baixos venderem suas cotas aos concorrentes e aumentarem novos fluxos de receita.

O governo brasileiro, em particular, deu alguns sinais de adequação de sua legislação ao desenvolvimento sustentável com o estabelecimento da Lei 12.187/2009, denominada "Política Nacional sobre Mudança do Clima", que é um marco regulatório nacional que legitima o compromisso público de reduzir as emissões de gases de efeito estufa.

Além disso, algumas instituições financeiras estatais brasileiras, como o Banco Nacional de Desenvolvimento Econômico e Social (BNDES), estão criando linhas de crédito específicas que promovem projetos "verdes" a um custo de capital mais baixo ou melhores condições de reembolso.[5]

Uma dessas linhas de crédito exclusivas se chama "BNDES Finame – Energia Renovável", que financia especificamente itens de energia renovável, como painéis solares fotovoltaicos e turbinas eólicas.[6]

Por fim, o Banco Interamericano de Desenvolvimento (BID), principal fonte de financiamento do desenvolvimento da América Latina e do Caribe e principal financiador internacional do BNDES, tem como missão financiar projetos que permitam aos países alcançar desenvolvimento de uma forma sustentável e amiga do clima.[7]

4.1.1.5 Maiores ***valuations***

Esta subseção irá descrever como maiores retornos esperados e menores riscos enfrentados por empresas amigáveis ESG são traduzidos em *valuations* mais altas, considerando o método de *Fluxo de Caixa Descontado* (FCD).

O método FCD é um método analítico usado para decidir o valor justo de uma empresa com base no valor presente dos fluxos de caixa que se espera que sejam gerados pela empresa no futuro. É comumente utilizado para determinar o valor de uma empresa que opera em um negócio estável, com crescimento limitado ou com resultados previsíveis. Portanto, o valor de uma empresa depende de previsões financeiras e de uma estimativa do custo de capital, que será usada como taxa de desconto para calcular o valor presente dos fluxos de caixa futuros esperados.

Melhor eficiência de custo operacional e imagem de marca aprimorada aumentam

5 Ministry of Environment. [Online] 2019. [Access: April 15, 2019]. http://www.mma.gov.br/pol%C3%ADtica-sobre-mudan%C3%A7a-do-clima.html

6 National Bank for Economic and Social Development. [Online]. [Access: April 15, 2019]. https://www.bndes.gov.br/wps/portal/site/home/financiamento/produto/bndes-finame-energia-renovavel

7 Inter-American Development Bank (IDB). [Online]. [Access: May 02, 2019]. https://www.iadb.org/en/about-us/overview

o valor da empresa ao direcionar as projeções financeiras para números mais altos. Por outro lado, menor exposição ao risco e menor risco de inconformidade com regulamentos futuros são responsáveis por um aumento no valor da empresa, porque menos riscos significa menor custo de capital, reduzindo o denominador usado ao trazer fluxos de caixa futuros para o valor presente.

Como existem infinitas maneiras de estimar os resultados financeiros futuros considerando os ganhos de eficiência e melhorias na imagem da marca, este estudo não se concentrará em como as empresas com práticas ESG diferenciam suas previsões financeiras dos concorrentes. No entanto, a discussão será limitada a como as empresas amigáveis ESG são beneficiadas com a prevenção de riscos, o que significa menor custo de capital e, consequentemente, avaliações mais altas.

O principal motivo para limitar a discussão ao custo de capital é a existência de um *framework* que é adotado pela maioria dos analistas financeiros e investidores, o Custo Médio Ponderado de Capital (WACC), que representa o retorno médio exigido pelos titulares de ações e dívidas, ponderado pela estrutura financeira de cada empresa e considerando os efeitos da proteção fiscal. A fórmula WACC é representada a seguir:

$$WACC = \frac{D}{(D+E)} * Kd * (1 - tc) + \frac{E}{(D+E)} * Ke$$

Algumas abreviações devem ser explicadas a fim de discutir a referida fórmula e descobrir como empresas amigáveis ESG podem se beneficiar de custos mais baixos de capital:

- Kd: significa custo da dívida, que é a média dos juros de todos os empréstimos tomados pela empresa. É calculado adicionando um *spread* de *default* de crédito (CDS) associado à taxa livre de risco ou estimado dividindo as despesas financeiras pela soma da dívida da empresa.
- Ke: representa o custo do patrimônio líquido, que é um custo de oportunidade solicitado pelos acionistas para investir na empresa. É calculado com base no Modelo de Precificação de Ativos de Capital (CAPM), que será discutido com mais detalhes neste estudo.
- tc: corresponde à taxa de imposto sobre as sociedades.
- D: é a dívida total da empresa.
- E: é igual ao patrimônio líquido total da empresa.

É relevante notar que existem duas metodologias comuns para avaliar uma empresa usando o modelo FCD, que empregam diferentes projeções de fluxo de caixa e taxas de desconto:

1. *Asset Side Perspective*: calcula o valor da empresa usando os fluxos de caixa livres para firma (FCFFs) descontados pelo WACC.

2. Perspectiva do lado do patrimônio líquido: calcula o valor do patrimônio líquido da empresa usando os fluxos de caixa livres para o patrimônio líquido (FCFEs) descontados pelo Ke.

O primeiro método considera a empresa como um investimento, não considera os ganhos/perdas derivados da sua estrutura financeira e calcula o valor da empresa, que é a soma do valor patrimonial com a dívida líquida. Em contrapartida, o segundo método assume a perspectiva de um acionista para calcular o valor patrimonial, portanto, considerando os efeitos da estrutura financeira adotada.

Considerando a fórmula WACC, empresas amigáveis ESG podem ter WACCs mais baixos do que a concorrência devido à exploração de fontes de vantagem competitiva que diminuem seu Kd ou Ke, dada a mesma alíquota de imposto corporativo e estrutura financeira de seus pares.

No Brasil, empresas com boas práticas ESG podem ter custos de dívida mais baixos do que seus concorrentes, porque têm acesso a melhores condições de crédito, que são aprimoradas durante os períodos de recessão de racionamento de crédito.

De acordo com o Banco Central nacional, três instituições financeiras estatais (Banco do Brasil, Caixa Econômica Federal e BNDES) controlam 39,2% do total de ativos no Brasil, enquanto os mesmos atores representam 41,8% do total das operações de crédito líquidas (BCB, 2018).

Além disso, essas mesmas instituições financeiras estatais respondiam por 52% do total das operações de crédito para pessoas jurídicas em 2017. Portanto, no Brasil, o governo desempenha um papel importante na decisão de quais empresas serão financiadas e em que condições. Além disso, na prática o crédito para pessoas jurídicas depende muito de instituições estatais no Brasil, o que significa um risco adicional para empresas com estratégias de longo prazo não alinhadas com o ponto de vista do governo.

Uma vez que as autoridades econômicas têm um alto poder de influência no mercado para decidir quais empresas obteriam crédito e em que condições, as empresas alinhadas com a estratégia de longo prazo do governo têm mais probabilidade de obter melhores posições de acesso para aumentar a dívida. Consequentemente, seu custo de dívida é inferior ao Kd de empresas comparáveis com estratégias divergentes. Esse menor custo da dívida reduzirá o WACC da empresa e aumentará o valor da empresa, quando calculado usando-se a metodologia DCF.

Conforme explicado anteriormente, o governo brasileiro e as instituições internacionais que financiam o Brasil estão atualmente mostrando alguns sinais de apoio ao desenvolvimento sustentável. Portanto, empresas com boas práticas ESG têm suas estratégias alinhadas com a orientação da visão de longo prazo promovida pelas autoridades e podem se beneficiar com o endividamento em melhores condições.

Ao mesmo tempo, empresas amigáveis ESG também podem desfrutar de menores custos de capital, devido ao seu menor montante de riscos. A metodologia mais utilizada para calcular o Ke é o CAPM, mostrado a seguir, no qual rf representa a taxa livre de risco, (rm-rf) é o prêmio de mercado e β é uma medida da volatilidade da ação em relação ao mercado.

$$Ke = rf + \beta * (rm - rf) \qquad \text{Equação (4.1)}$$

Portanto, quando empresas amigáveis ESG evitam riscos adicionais, como riscos específicos da empresa, elas estão, na verdade, reduzindo seu β e, consequentemente, reduzindo seu custo de capital próprio.

Para concluir, esta seção analisou alguns direcionadores de valor que as empresas amigáveis com ESG exploram para aumentar seus retornos ou diminuir seus riscos. Ao discutir o modelo FCD, o estudo também explica como essas fontes de vantagem competitiva se traduzem em maior valor da empresa, considerando algumas particularidades do Brasil.

4.1.2 ESTRATÉGIAS DE INVESTIMENTO ESG

Esta seção tem como objetivo listar diferentes estratégias ESG puras adotadas em todo o mundo, explicando suas diferenças e particularidades.

Novamente, é importante destacar que investimento ESG não equivale a promover investimentos em empresas com preocupações ambientais, pois os critérios ESG não se restringem a isso. Na verdade, o *CFA Institute* concluiu em 2017 que a governança corporativa é o pilar mais considerado entre os investidores que adotam uma abordagem ESG para selecionar investimentos (CFA, 2017).

Além disso, de acordo com uma pesquisa realizada pelo Politecnico di Milano em parceria com o *Banor SIM*, as empresas europeias que levam em consideração os três aspectos simultaneamente têm margens significativamente maiores do que aquelas focadas exclusivamente em um único pilar (GIUDICI & BONAVENTURA, 2018).

É importante notar que por se tratar de um conceito recém-desenvolvido, há uma falta de consenso sobre a nomenclatura usada para se referir às abordagens de investimento ESG. No entanto, consolidando a literatura existente, é possível agrupar as estratégias de investimento ESG em:

1. Triagem: consiste na exclusão de setores ou empresas não aderentes às boas práticas ESG, na seleção de alvos de investimento. Essa é a estratégia ESG mais adotada, por ser barata, rápida e fácil de ser implementada. A triagem pode ser dividida em:

    a. Triagem baseada em normas: rastreia as empresas de acordo com sua conformidade com os padrões internacionais antes de analisar profundamente os alvos potenciais. Os investidores que empregam uma abordagem de triagem baseada em normas não consideram investir em empresas não conformes, mesmo aquelas com finanças atrativas.

b. Triagem Exclusiva: consiste na exclusão inicial de setores polêmicos e posterior verificação das práticas ESG tomadas por potenciais alvos, cujo desempenho é comparado a concorrentes, ao mercado ou a um benchmark. Para fazer essa comparação, os investidores de triagem excludente precisam aplicar uma metodologia de classificação ESG, que pode ser criada internamente ou por uma empresa independente. A metodologia de classificação empregada deve ser racional, evitando interpretações subjetivas, mas os critérios devem diferir entre os setores, pois algumas práticas ESG podem ser mais ou menos relevantes de acordo com o setor analisado. Após o procedimento de classificação, os alvos potenciais são classificados com base em seu compromisso com os critérios ESG, conformidade com padrões internacionais e certificações obtidas. Finalmente, os adotantes de triagem excludente não consideram as empresas com classificação abaixo de uma pontuação mínima ao decidir onde investir.

c. Desinvestimento: desinvestimento imediato de empresas e setores que impactam negativamente o meio ambiente ou seus stakeholders. Essa estratégia é frequentemente adotada por investidores que repentinamente decidem aplicar técnicas amigáveis ESG em seus portfólios e precisam desinvestir de empresas não conformes.

2. *Best-in-Class*: investimentos exclusivos em empresas ou projetos selecionados de uma amostra restrita reconhecida pelo seu bom desempenho ESG em relação a pares comparáveis. Os melhores investidores dividem as empresas em setores, classificam-nas usando os critérios de classificação ESG e investem apenas nas empresas de melhor desempenho de cada grupo. Essa estratégia é semelhante à triagem de exclusão, mas os adotantes de primeira linha são mais seletivos ao selecionar as ações.

3. Integração ESG: é a combinação da abordagem tradicional de investimento com critérios não financeiros ESG na avaliação de alvos potenciais. Essa estratégia leva bem em consideração as práticas ESG ao analisar investimentos potenciais junto com os retornos financeiros esperados. Sob essa estratégia, as metodologias de *rating* ESG podem ser usadas para analisar critérios não financeiros.

4. Investimentos focados: é a gestão de portfólios temáticos especializados que focam um tópico específico relacionado a ESG, por exemplo, o nível de diversidade da força de trabalho de uma empresa.

5. Engajamento: consiste em empregar o poder do acionista para administrar ativamente a empresa em uma direção ESG amigável, reescrevendo sua missão e objetivos, comunicando ideias internamente e utilizando o poder de voto nas oportunidades de tomada de decisão. É usado principalmente por fundos de *Private Equity* e investidores com maior percentual de participação da empresa.

De acordo com a *2016 Global Sustainable Investment Review* (GSIA, 2016), a divisão de ativos gerenciados sob estratégias ESG em todo o mundo é ilustrada na Figura 4.5.

Figura 4.5 – Ativos ESG por estratégia de investimento mundialmente.

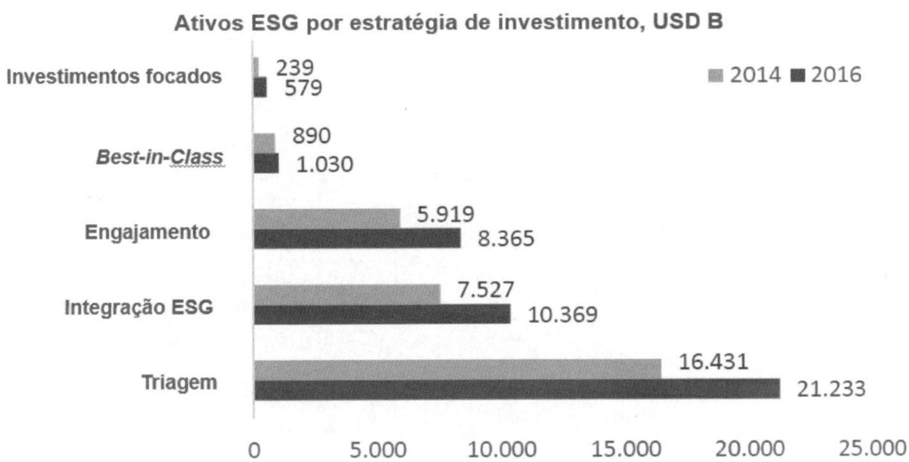

Uma vez que o mesmo estudo relatou que o valor total investido com qualquer estratégia de investimento ESG em 2016 foi de US$ 22,9 trilhões, é possível concluir que os ativos podem ser gerenciados em mais de uma estratégia ESG.

4.2 INVESTIMENTOS DE IMPACTO

Investimentos de impacto são uma classe de investimentos que buscam impacto social e/ou ambiental positivo além dos retornos financeiros. Portanto, eles demandam o gerenciamento da performance socioambiental do empreendimento, assim como dos riscos e retornos financeiros (JPMORGAN, 2010). Essa é uma categoria importante do investimento ESG com foco nos investimentos em empresas sociais, sendo a abordagem mais adotada no Brasil.

A nuance que distingue o investimento de impacto do puro investimento ESG é o peso relativo dos objetivos financeiros e não financeiros na decisão de investimento. Os investidores de impacto geralmente tendem a priorizar os resultados não financeiros sobre os fluxos de caixa esperados, enquanto os investidores ESG puros consideram as informações não financeiras para identificar fontes de vantagem competitiva que maximizam os retornos financeiros esperados.

É importante notar que este livro geralmente adota o termo *'Investimento ESG'* como a abordagem de investimentos ESG pura, também conhecida como *'Integração ESG'*. No entanto, Investimento ESG é uma definição ampla, que engloba diferentes abordagens de investimento, como Investimento de Impacto e Integração ESG. A diferença entre esses conceitos é melhor ilustrada na Figura 4.6, que mapeia a orientação de retorno de diferentes abordagens de investimento.

Figura 4.6 – Orientação de retorno de diferentes abordagens de investimento.

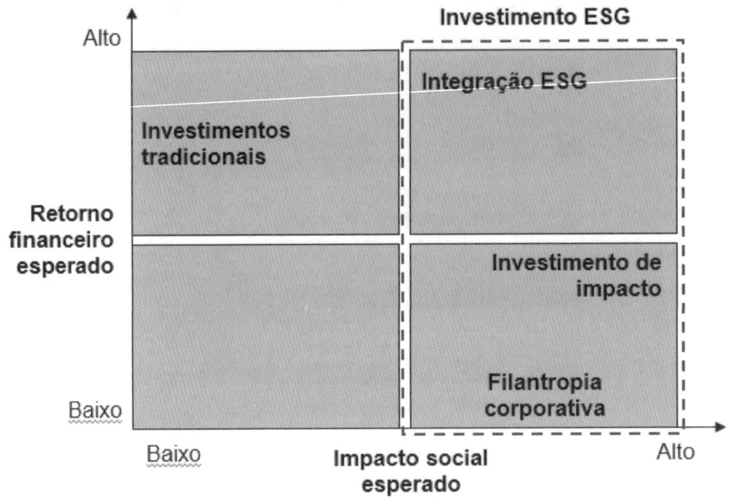

Os investidores de impacto explicitam sua missão de criar impacto positivo e mensuram ativamente os tipos de impacto social e ambiental que geram, sendo responsáveis por atingir seus objetivos sociais assim como suas metas de retorno financeiro. Assim, eles se diferenciam de investimentos socialmente responsáveis e iniciativas de responsabilidade social corporativa, uma vez que o primeiro é utilizado por gestores de fundos que buscam evitar investimentos em setores considerados irresponsáveis ou antiéticos (como tabaco ou óleo e gás) e o segundo se caracteriza como atividades de caridade realizadas por corporações (LEME, MARTINS e HORNBERGER, 2014).

Os negócios sociais são fortemente beneficiados com esse tipo de investimento, utilizando os recursos adicionais para escalar suas operações e maximizar o impacto social ou ambiental gerado. No âmbito mundial, uma pesquisa da *Global Impact Investing Network* (HAND et al., 2020) com 294 investidores de impacto mostra que havia cerca de US$ 404 bilhões de ativos sob gestão deste tipo de investidor em 2019. Já o tamanho total do mercado de investimento de impacto é estimado em US$ 715 bilhões de ativos sob gestão por mais de 1.720 organizações ao redor do mundo.

Uma pesquisa realizada pela *Aspen Network of Development Entrepeneurs*, *Latin American Private Equity* & *Venture Capital Association* e *LGT Impact Ventures* (2020), com o objetivo de mapear o setor de investimentos de impacto na América Latina com foco no Brasil, Colômbia e México, revela que, entre 2018 e 2019, 49 investidores alocaram mais de US$ 600 milhões na região em 619 operações.

O Brasil tinha 34 investidores de impacto ativos em 2019, sendo 23 sediados no país. Dessa amostra, 28 informaram terem US$ 786 milhões em ativos sob gestão. Quanto à performance financeira, cerca da metade desses investidores informaram terem expectativas de retorno com taxa de mercado ajustado ao risco, sendo os instrumentos de alocação de capital mais comuns o investimento via capital próprio e os empréstimos. Os investimentos de impacto no país são focados nos setores de manufatura, agricultura e saúde (ANDE, 2020).

Nesse contexto, os investidores de impacto têm papel fundamental na ligação entre os empreendedores de negócios sociais e o mercado financeiro, permitindo que as soluções desenvolvidas pelas empresas sociais ganhem escala e ajudem a resolver diferentes problemas sociais e ambientais existentes (DELOITTE, 2015).

Como principais desafios do setor, além da dificuldade de mensuração do impacto socioambiental gerado pelos investimentos, em muitos casos o aumento dos retornos financeiros vem às custas do aumento dos benefícios sociais. Assim, os investidores de impacto devem definir como balancear os retornos financeiros com a geração de impacto e qual deles será prioridade na gestão do seu portfólio de investimentos (LEME, MARTINS e HORNBERGER, 2014).

Além disso, ainda existe uma grande assimetria de informação nesse campo, tendo em vista as dificuldades do empreendedor em saber onde procurar possíveis fontes de investimento e a falta de conhecimento dos investidores sobre todo o repertório existente de negócios sociais. Isso resulta no aumento dos custos de transação e desfavorece o oferecimento de produtos e serviços financeiros mais adequados e customizados para os empreendedores sociais (DELOITTE, 2015).

CAPÍTULO 5

Os negócios sociais

Enquanto os investimentos ESG e de impacto estão no campo do mercado de capitais, sendo duas importantes fontes de recursos para organizações e projetos capazes de gerar impactos positivos para a coletividade e ainda remunerar os seus investidores, os Negócios Sociais, por sua vez, estão no campo da economia real, configurando-se como reais motores na geração desses impactos para a sociedade ou meio ambiente.

Os Negócios Sociais – ou *Social Business* – ainda são um conceito em aberto – e, de certo modo, sob disputa –, podendo assumir diferentes definições a depender da visão de investidores, economistas ou empreendedores. De qualquer maneira, como veremos a seguir, independente da visão individual dos estudiosos do tema, é consenso que negócio social é toda organização que, a partir de um modelo de negócio ou cadeia de valor financeiramente sustentável, tem como principal objetivo resolver um problema social ou ambiental coletivo. Nesse sentido, os negócios sociais se diferenciam dos negócios tradicionais por não priorizarem a distribuição de lucros e dividendos aos seus acionistas, e se distinguem de organizações do terceiro setor e organizações não governamentais ao usarem de mecanismos de mercado para escalar a geração de impacto e garantir sua sustentabilidade financeira.

Assim, negócios sociais não são fundações: estas não desenvolvem atividade empresarial e não precisam ser autossustentáveis financeiramente; os negócios sociais precisam sobreviver por meio de seus produtos. Também não são instituições filantrópicas ou ONG: os negócios sociais "reciclam" indefinidamente o dinheiro "investido". Ao contrário de instituições filantrópicas, necessárias para situações urgentes e pessoas que não podem ser integradas como empreendedoras ou trabalhadoras, os negócios sociais buscam resultados sustentáveis de longo prazo. Não se confundem também com cooperativas, que buscam obter lucro e beneficiar seus membros-acionistas.

Ou seja, por definição, negócios sociais são organizações que buscam um objetivo explícito de resolver problemas sociais por meio de mecanismos de mercado e autossustentabilidade financeira (COMINI et al., 2012). Esses problemas sociais podem ser de tipos variados: restrição a alimentação, saúde, educação, moradia, meio ambiente saudável, vestuário, tecnologia e outros bens e serviços aos quais as pessoas pobres geralmente não têm acesso.

Outra questão chave importante para a conceituação de negócios sociais é a possibilidade ou não de distribuição de lucros a investidores e acionistas. Para o economista bengali Muhammad Yunus, um dos pioneiros no estudo do tema, em um negócio social não deve haver distribuição de lucros: o investidor pode apenas retirar a quantia que investiu inicialmente, sem qualquer remuneração do capital investido. Todo o excedente gerado pelo negócio é reinvestido na manutenção e expansão do próprio negócio. Para outros teóricos, no entanto, a possibilidade de distribuição é um elemento fundamental para que os negócios sociais sejam capazes de atrair mais investimentos e maximizar seu potencial de geração de impacto positivo.

Neste contexto pode-se destacar a experiência do *Grameen Bank,* fundado em Bangladesh pelo economista Muhammad Yunus, amplamente difundida no mundo. Em 1976, esse país do sul da Ásia foi afetado por uma grave "pandemia" de fome. Yunus, recém-chegado de um período de estudos nos Estados Unidos, decidiu empresar 27 dólares a 42 mulheres artesãs que viviam abaixo da linha de pobreza, na cidade de Jobra. Com o dinheiro emprestado, essas mulheres puderam pagar suas dívidas junto a agiotas e começar pequenos negócios na cidade, iniciando um grande movimento de geração de renda e inclusão produtiva.

Assim nasceu o conceito do *Banco Grameen* (Banco da Aldeia), o primeiro banco do mundo especializado em *microcrédito* – ou seja, em conceder empréstimos de pequeno vulto a pessoas pobres, microempreendedores formais e informais, atuais ou potenciais, nos quais o sistema financeiro "normal" não tem interesse. O Banco oferece microcrédito sem necessidade de garantia à população mais pobre de Bangladesh. O índice de inadimplência não passa da casa de 2% e a maior parte dos mutuários são mulheres (97%). Quase todas as ações do banco pertencem a seus mutuários; o restante é do governo.

Por meio dos canais de microcrédito abertos pelo *Grameen Bank,* milhões de pessoas saíram da pobreza em Bangladesh. Hoje, o modelo do banco foi copiado nos cinco continentes e já foi capaz de beneficiar mais de 150 milhões de famílias em todo o mundo. Além do *Grammen Bank*, desde 2005 várias empresas Grameen foram fundadas em *joint ventures* com multinacionais, como a Danone, Basf, Intel e Adidas (Yunus, 2007; 2010).

O Banco Grameen e Mohammad Yunus, *"o banqueiro dos pobres"*, tornaram-se referência mundial e sua experiência foi multiplicada em muitos países. Ambos foram contemplados em 2006 pelo Prêmio Nobel da Paz. (Yunus, 2010).

Yunus (2010, p. 19-20) também destaca dois tipos de negócio social. O primeiro diz respeito a empresas que têm receitas e despesas equilibradas, sem perdas nem lucros significativos, e se dedicam a resolver um problema social. As empresas Grameen criadas em parcerias com multinacionais são desse tipo – a Grameen Danone busca resolver o problema da subnutrição infantil vendendo iogurtes enriquecidos com nutrientes a um preço acessível; a Grameen Veolia vende água potável; a Basf Grameen vende mosquiteiros tratados para impedir a transmissão de doenças. Nessas *joint ventures*, as grandes empresas não apenas investem na construção de um negócio social; elas entram, sobretudo, com seu know-how em termos de produção, distribuição, marketing e inovação. Outra classe de negócio social também destacada por Yunus são empresas de pequeno porte, com fins também lucrativos, mas de propriedade de pessoas pobres, cujos lucros gerados servem, inclusive, para aliviar a pobreza.

Os negócios sociais operam em termos de mercado e concorrência e, portanto, também devem buscar eficiência e inovação contínuas. Devem, também, oferecer condições de trabalho melhores que as empresas tradicionais e serem ambientalmente responsáveis. Assim, Yunus (2010, p. 30-35) defende que se mantenham separados os negócios convencionais e os negócios sociais, porque a concorrência entre os dois objetivos – gerar lucros ou resolver um problema social – prejudicaria as estratégias e os diferentes planos de negócio que cada tipo de atividade demanda.

Outro lema muito comum nos fóruns de discussão sobre os negócios sociais é: "começar pequeno, mas começar já". Toda a cadeia produtiva e todas as decisões sobre o negócio social – de sua concepção à implantação e operação cotidiana – são pautadas por uma lógica da sustentabilidade. Em vez de grandes fábricas, indústrias menores, que exigem menor investimento e menores custos de estoque, além de se manterem próximas aos fornecedores e consumidores, revitalizando o desenvolvimento econômico local. Em vez de estratégias padronizadas, é preciso buscar contato e entendimento com a cultura local, dialogando para superar barreiras e preconceitos, engajando a população no negócio. Muitas vezes é preciso criar uma "contracultura" do negócio social (Amato Neto, 2014).

Outra estratégia interessante dos negócios sociais são os "subsídios cruzados": buscando diversificar seus mercados consumidores, o negócio social pode vender mais barato para populações com menor poder aquisitivo (por exemplo, em zonas rurais) e um pouco mais caro para outro público – um mercado subsidia o outro.

Para além do modelo de negócio e dos tipos de impactos positivos gerados para a coletividade, Yunus (2010, p. 104) traz questões adicionais àquelas já tratadas anteriormente:

- Como os beneficiários do negócio participarão do planejamento e da execução?
- Como será medido o impacto do negócio?
- Se o negócio for bem-sucedido, como poderá ser replicado e expandido?

Essas questões jogam luz sobre diversas nuances que devem ser observadas pelos empreendedores sociais – desde a importância de um negócio social ser capaz de incluir o público beneficiado nas tomadas decisão sobre a estratégia e o futuro da empresa, até o grau de replicabilidade do negócio para outras regiões e realidades. Além da existência de métricas de desempenho capazes de mensurar e comunicar o nível de impacto gerado pelo negócio.

Como dito no início deste capítulo, o conceito de negócios sociais pode assumir diferentes acepções e perspectivas ao redor do mundo, de acordo com a visão e interesses em jogo. Para transmitirmos algumas dessas diferentes visões, descrevemos a seguir pelo menos três perspectivas acerca do conceito de negócios sociais.

5.1 A PERSPECTIVA NORTE-AMERICANA

A perspectiva norte-americana define negócios sociais como atividades de mercado empreendedoras que promovem o acesso *Bottom of the Pyramid* (BoP) a bens e serviços antes restritos ao segmento populacional mais abastado.

Portanto, os negócios sociais não são apenas sempre conduzidos por organizações com orientação social, mas também podem ser realizados por multinacionais (PRAHALAD & HART, 2002). Nesse contexto, as multinacionais poderiam aplicar suas habilidades, ativos e conhecimentos para criar soluções inovadoras e escaláveis para problemas sociais e simultaneamente gerar benefícios financeiros diretos ou indiretos para seus proprietários e acionistas.

Alguns dos benefícios financeiros comuns buscados pelos negócios sociais operados de acordo com a perspectiva norte-americana são o valor da marca e o acesso a segmentos de mercado mal atendidos, que representam fontes de receita complementares.

Não são raros também casos recentes em que empresas tradicionais têm se unido a organizações do terceiro setor com o objetivo de trocar conhecimento com elas e de catalisar o seu racional de geração de impacto. As organizações do terceiro setor geralmente são bem-vistas pela sociedade, mas carecem de recursos para expandir suas atividades. Por outro lado, as multinacionais têm a capacidade de manter atividades em alta escala, mas podem ser questionadas eticamente pelos segmentos da BoP. Assim, parcerias entre multinacionais e ONG podem ser mutuamente vantajosas (BRUGMANN & PRALAHAD, 2007).

Nesse sentido, como se verifica, de acordo com a perspectiva americana, um negócio social pode não apenas distribuir lucros e dividendos a seus acionistas como, também, ser parte integrante de um negócio tradicional maior e já estabelecido.

5.2 A PERSPECTIVA EUROPEIA

Por outro lado, a perspectiva europeia argumenta que as empresas sociais são eficazes para fornecer serviços acessíveis ao BoP quando os governos não o fazem, ao mesmo tempo que geram oportunidades de emprego para indivíduos marginalizados (BORZAGA & DEFOURNY, 2001). Assim, os negócios sociais são movidos por interesses coletivos para promover a inclusão social e desenvolver as comunidades locais (TRAVAGLINI et al., 2009).

Consequentemente, o aspecto social do negócio é mais relevante do ponto de vista europeu. Para superar os ganhos sociais, as organizações que defendem essa visão são contrárias à distribuição de dividendos. Nesse sentido, os lucros financeiros devem ser reinvestidos dentro da empresa para aumentar seu impacto positivo na sociedade, beneficiando as partes interessadas em vez de proprietários e acionistas.

Além disso, a abordagem prevalente na Europa destaca a relevância da apropriação social, em que a comunidade e demais stakeholders diretamente envolvidos tenham maior influência sobre a governança do negócio, de modo mais participativo e transparente. A representação dos beneficiários na tomada de decisão é fundamental para reduzir os riscos de comportamentos oportunistas (GALERA & BORZAGA, 2009) e manter a empresa orientada para seus objetivos sociais.

5.3 PERSPECTIVA DOS PAÍSES EMERGENTES

Por fim, a abordagem dos países emergentes se posiciona entre as perspectivas norte-americana e europeia e é caracterizada por uma mistura de ambas as visões. A principal particularidade dessa perspectiva híbrida é a maior disposição para promover a mobilidade social ao lado da geração de lucros.

Essa ambição de mudar a sociedade, empurrando as pessoas para cima da linha da pobreza, é o que motiva esses chamados negócios inclusivos. Os negócios inclusivos visam a uma profunda transformação nos padrões de vida da população de baixa renda, por meio da oferta de serviços estruturais como saúde e educação (MÁRQUEZ et al., 2010).

Mas a melhoria das condições de vida não é exclusividade dos consumidores de negócios inclusivos. De acordo com Muhammad Yunus, os negócios sociais também podem ser empresas que maximizam o lucro, pertencentes a indivíduos pobres (YUNUS, 2007).

Tabela 5.1 - Os Negócios Sociais sob diferentes perspectivas

Missão	Oferecer serviços acessíveis à base da pirâmide social e promover a geração de empregos para populações marginalizadas	Promover ações de longo prazo para redução da pobreza estrutural, utilizando de mecanismos de mercado	Permitir o acesso bens e serviços para populações da base da pirâmide, antes só acessíveis a segmentos sociais com mais recursos
Estratégia de negócios	Impacto social é o maior objetivo	Ascensão social é o maior objetivo	O retorno financeiro é tão importante quanto os impactos gerados
Escala	Local	Desejável	Escalabilidade é extremamente relevante
Lucros	Reinvestido no negócio para aumentar seu crescimento e a geração de impacto	Pode ser reinvestido no negócio ou distribuído a pequenos proprietários	Distribuído a investidores, como remuneração do investimento
Modelo de governança	Inclusivo, participativo e transparente	Mix de modelos centralizados e colaborativos	Decisões centralizadas, mas parcerias com ONG podem ser incentivadas

Fonte: Adaptado pelo autor, (Comini, 2012)

5.4 PELA CONVERGÊNCIA DE PERSPECTIVAS

Qualquer que seja a perspectiva conceitual a adotada, cabe ressaltar que os negócios sociais são uma importante ferramenta para a mitigação – e até mesmo superação – de problemas sociais e ambientais diversos. Eventuais divergências teóricas, mais ou menos aplicáveis a um outro país, não podem se sobrepor à real capacidade de esses modelos de negócio gerarem mais e melhores benefícios à coletividade e ao meio ambiente do que os negócios tradicionais.

Além disso, ao envolver e tocar outras dimensões do ser humano, para além do desejo de reprodução material, os negócios sociais assumem um ideal de propósito, com um grande poder motivacional e libertador do potencial humano.

CAPÍTULO 6
O contexto brasileiro

Tendo por objetivo básico buscar compreender o que move os atores relacionados aos investimentos ESG no Brasil, este capítulo se propõe fazer uma breve exposição do cenário político, sociodemográfico e macroeconômico no qual o país está inserido atualmente, destacando algumas particularidades que tornam a gestão de riscos uma ferramenta necessária para os investidores.

Uma das principais conclusões a ser tirada deste capítulo é que, apesar dos riscos sistemáticos gerais e relacionados ao país, os investidores ESG evitam alguma incerteza adicional ao apostar em empresas que estão menos expostas a riscos da indústria ou específicos da empresa, que serão aprofundados na Seção 4.1 deste relatório.

O Brasil é o quinto maior país do mundo com uma área de 8.516.000 km^2, sua crescente população é de mais de 200 milhões de habitantes e deverá atingir 228 milhões de habitantes até o ano de 2025. O crescimento demográfico é de 1,17% ao ano e os brasileiros apresentam uma taxa de natalidade (por mil habitantes) de 20,40, em contraposição a uma taxa de mortalidade (por mil habitantes) de 6,31 (IBGE, 2019). A expectativa de vida no país é de 73 anos e seu Produto Interno Bruto (PIB) era de R$ 6,8 trilhões em 2018 (IBGE, 2019), o que equivale a cerca de US$ 1,3 trilhões, considerando a taxa de câmbio divulgada de 10/05/2021. Também se constitui na maior economia da América do Sul e uma das 20 maiores economias do mundo. Suas principais exportações são soja, ferro, cana-de-açúcar, petróleo bruto e carne de frango, enquanto suas principais importações são petróleo bruto refinado, veículos e autopeças.

Assim, em circunstâncias normais, essas características poderiam tornar o Brasil muito atraente para os investidores, pois representam a possibilidade de obter retornos elevados. No entanto, o recente período de instabilidade fez com que alguns investidores deixassem de apostar nesse mercado específico (IBGE, 2019).

Porém, mais recentemente a economia brasileira, assim como toda a economia mundial, passa por uma situação muito adversa no contexto da pandemia de covid-19. Nesse período de profunda crise sanitária e econômica, a prioridade passou a ser, evidentemente, a proteção da vida e da saúde pública, com os esforços adicionais para preservação de empregos, renda e empresas. Sob tal contexto de crise, o governo federal lançou um conjunto de medidas emergenciais de apoio à saúde e à economia, muitas das quais envolvem um custo fiscal significativo, tanto pelo lado da despesa como pelo lado da receita (IPEA, Carta de conjuntura, 20/6/2020). Ainda segundo o IPEA:

> espera-se que, em função da deterioração fiscal causada pela pandemia, a dívida bruta do governo geral (DBGG) em proporção do PIB aumente de 75,8% no final de 2019 para 93,7% no final de 2020. Dessa forma, a crise de covid-19 aumentou também para o futuro os desafios fiscais do país, que sairá da crise com uma dívida pública muito mais alta, e níveis de produção e arrecadação muito mais baixos que antes. Logo, o esforço fiscal que vinha sendo realizado terá que ser reforçado, visando reafirmar o compromisso com o equilíbrio das contas públicas e com uma trajetória sustentável para a dívida pública.

6.1 O CONTEXTO POLÍTICO

Na esfera política o Brasil vive, atualmente, um período turbulento que gera muitas incertezas sobre seu futuro, o que se traduz em maiores riscos para os investimentos de longo prazo. Fazendo um breve retrospecto do contexto brasileiro, em 2003, o então presidente da República, Luiz Inácio Lula da Silva (Lula), iniciou um mandato de 4 anos que representou a vitória democrática do *Partido dos Trabalhadores* (PT). Naquele período, o mercado internacional era muito favorável às commodities brasileiras (principalmente soja, laranja, minério de ferro e café), o que provocou um crescimento significativo das exportações e da economia brasileira, permitindo, por sua vez, o crescimento de investimentos públicos em programas sociais, como prometido pelo então presidente da república durante sua campanha eleitoral. Esse alto investimento em causas sociais ajudou milhões de brasileiros necessitados, reduzindo significativamente a pobreza e a desigualdade de renda no país.

Devido a esse período de prosperidade, Lula foi reeleito para mais um mandato de 4 anos e o PT também pôde eleger seu candidato nas eleições seguintes de 2011 e 2015, Dilma Rousseff. No entanto, foi revelado um enorme escândalo de corrupção envolvendo subornos de grandes empresas ao governo, levando à prisão de políticos e executivos experientes. A operação, conhecida como "Operação Lava-Jato", envolveu mais pessoas do mundo empresarial no referido esquema.

Dados do Banco Mundial evidenciam que no período entre 2003 e 2014, o Brasil viveu uma fase de avanço econômico e social, com cerca de 25 milhões de pessoas deixando a situação de pobreza e um aumento significativo da renda dos mais pobres. Porém, a partir de 2014, essa parcela da população tem sofrido perda constante em sua renda, ano a ano. Com isso, a desigualdade, que tinha chegado ao menor patamar da história em 2015, também voltou a subir.

Ainda segundo o Banco Mundial, a parcela da população brasileira em situação de extrema pobreza era de 13,6% em 2001, caindo para 4,9% em 2013. Enquanto a renda média dos brasileiros, no geral, cresceu 4,4% entre 2003 e 2014, *a renda dos 40% mais pobres cresceu 7,1%*. Em consequência, o índice de Gini[1] caiu de 0,581 para 0,515.

Já no ano de 2016, Dilma Rousseff sofreu um processo de *impeachment* devido à divulgação de informações orçamentárias não realistas, e seu vice-presidente Michel Temer assumiu a presidência da república. O curto mandato de Temer foi focado principalmente na revisão do programa de seguro social, mas como seu governo não era credível para toda a população, a reforma proposta não passou por todo o processo burocrático que existe para torná-la oficial.

Em 2018, Lula foi preso pela "Operação Lava Jato" e a vertente política de oposição conseguiu eleger o, até então deputado, Jair Bolsonaro, que assumiu em 2019. O atual presidente da República apresenta um perfil autoritário com formação militar, cujas ideias, muitas delas conservadoras, representam alguns riscos adicionais ao regime democrático, às minorias, ao meio ambiente, às relações internacionais e ao desenvolvimento sustentável.

Especialmente no que se refere aos projetos e às ações relativas ao desenvolvimento sustentável (que é um dos principais focos deste livro), o atual governo ameaçou abandonar o *Acordo de Paris* durante sua campanha.[2] No entanto, após as eleições, o ministro do Meio Ambiente do atual governo confirmou que, por ora, o país continuará respeitando o acordo.[3]

Desde os primeiros meses de 2020, com o agravamento da pandemia de covid-19, alguns contratempos desestabilizaram o governo federal que, principalmente no que diz respeito ao setor de saúde pública, passou por uma série de crises de governança, que resultaram na substituição do ministro da saúde por quatro vezes em pouco mais de um ano (março de 2020 a março de 2021). Além disso, a total falta de alinhamento das políticas nacionais às orientações e recomendações por parte de organismos internacionais, como a Organização Mundial da Saúde (OMS), assim como às opiniões de renomados pesquisadores e cientistas brasileiros da área da saúde, levaram o país à uma trágica situação em termos de números de infectados e de óbitos causados pelo vírus de covid-19. Até o início de agosto de 2021, o Brasil, com mais 560 mil mortes pela doença, respondia por 13% das vítimas em todo o mundo, com uma população que representava cerca de apenas 3% da população mundial.

---

1 O Índice de Gini, criado pelo matemático italiano Conrado Gini, é um instrumento para medir o grau de concentração de renda em determinado grupo. Ele aponta a diferença entre os rendimentos dos mais pobres e dos mais ricos. Numericamente, varia de zero a um (alguns apresentam de zero a cem). O valor zero representa a situação de igualdade, ou seja, todos têm a mesma renda. O valor um (ou cem) está no extremo oposto, isto é, uma só pessoa detém toda a riqueza.

2 Climate Change News. [Online] 2018. [Access: April 13, 2019]. https://www.climatechange-news.com/2018/10/08/bolsonaro-made-grim-threats-amazon-people/

3 O Globo. [Online] 2019. [Access: April 13, 2019] https://oglobo.globo.com/brasil/salles-diz-que-brasil-permanece-no-acordo-de-paris-23371858

6.2 O CONTEXTO SOCIODEMOGRÁFICO

Assim como os demais países emergentes, o Brasil está passando por um período de mudança demográfica e a idade média de sua população está gradativamente aumentando. De acordo com o Instituto Brasileiro de Geografia e Estatística (IBGE), em 2017, 9% da população total tinha mais de 65 anos, enquanto em 2050 esse número deve ficar em torno de 22%. Essa mudança demográfica é ilustrada na Figura 6.1.

Figura 6.1 – Mudança demográfica em países emergentes.

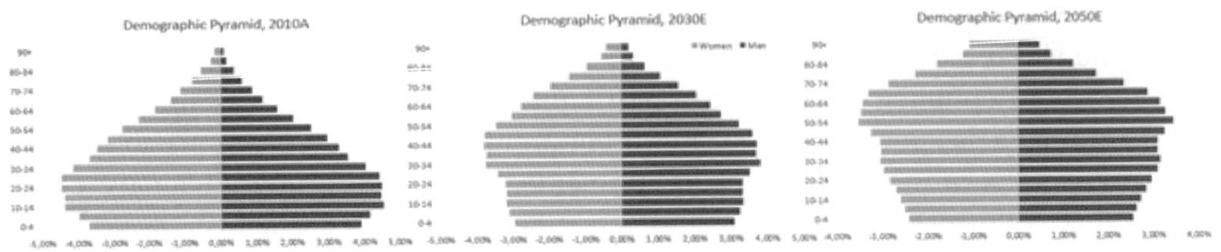

Fonte: IBGE (2017).

Com um percentual cada vez menor da população economicamente ativa contribuindo para o governo por meio do pagamento de impostos e, por outro lado, uma demanda crescente de transferências da previdência social, os formuladores de políticas públicas estão atualmente discutindo a aprovação de uma reforma fiscal. Tal medida que, na maioria dos casos, apresenta um caráter impopular, poderia contribuir para que o país colocasse suas finanças em ordem e sinalizasse maior estabilidade econômica futura para os investidores, dado que a dívida pública brasileira está aumentando, enquanto o país enfrenta um déficit primário e os gastos com seguridade social respondem por um alto percentual do gasto público geral.

O curto período do mandato de Michel Temer (2016-2018) concentrou-se principalmente em redigir e tentar aprovar a reforma fiscal, por ser esta uma medida determinada por investidores internacionais e agências de classificação de crédito para promover investimentos no país e reduzir o endividamento nacional. No entanto, a revisão proposta no governo Temer foi adiada pela maioria dos membros eleitos do poder legislativo, cujos interesses estavam principalmente focados nas eleições gerais de 2018 da época.

Em 2017, os gastos com seguro social representaram 70% de todos os gastos públicos primários e 77,5% do total das receitas fiscais do governo (IPEA, 2018). Os dados históricos recentes estão disponíveis na Figura 6.2.

Figura 6.2 – Gastos com seguro social.

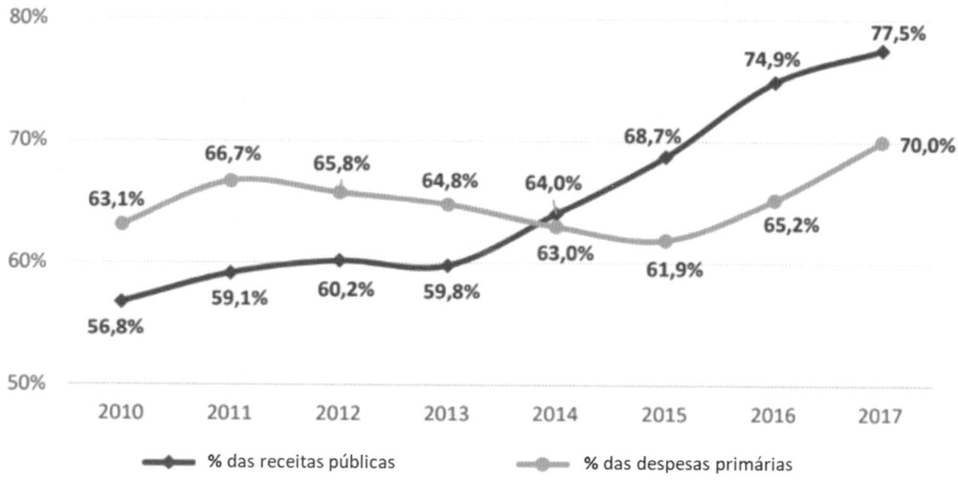

Fonte: (IPEA, 2018).

6.3 O CONTEXTO ECONÔMICO

Durante a última década, o Brasil mergulhou em uma crise financeira derivada da turbulência política e do surgimento da questão da seguridade social. Esse período foi caracterizado por um alto nível de incerteza econômica, que fez com que os investidores em busca de risco especulassem, enquanto os investidores avessos ao risco evitaram posições altistas.

Mesmo grandes empresas brasileiras como Petrobras e Odebrecht, respectivamente a maior empresa nacional e a maior construtora da América Latina, sofreram graves perdas devido ao seu envolvimento em esquemas de corrupção.

Assim, as agências de *rating* rebaixaram o país da categoria de investimento (BBB/Baa2) para a categoria de especulação (BB-/Ba2) fazendo com que o nível de investimentos e suas condições se deteriorassem de 2013 a 2018.

Figura 6.3 – Crescimento anual do PIB (% a.a.).

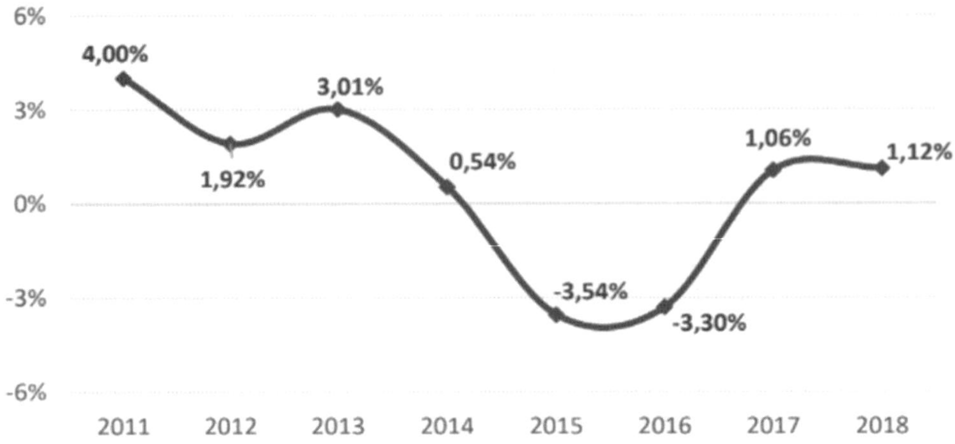

Fonte: Banco Central.

Conforme ilustrado na Figura 6.3, o país passou de um período de alto crescimento econômico e prosperidade para uma severa recessão quando o escândalo de corrupção foi revelado. O período de recessão se transformou em uma crise financeira que fez o PIB real brasileiro encolher por dois anos consecutivos, mas o país já mostrava alguns sinais de recuperação em 2017 e 2018.

Para se recuperar da crise financeira, os formuladores de políticas macroeconômicas tentaram diferentes soluções para promover o crescimento econômico e a estabilidade. A ideia inicial era promover os gastos do governo para estimular a economia e resolver problemas de infraestrutura, como aqueles referentes à má qualidade das rodovias, que ainda são amplamente utilizadas para o transporte de mercadorias de suas origens aos locais de consumo ou portos de exportação.

No entanto, essa medida não foi eficaz para estimular o consumo e também contribuiu para o aumento da inflação e da dívida pública. Conforme mostrado na Figura 6.4, os níveis de dívida pública aumentaram cerca de 20 pontos percentuais desde 2015, quando os níveis de inflação se tornaram instáveis.

Figura 6.4 – Dívida Pública Brasileira (% PIB).

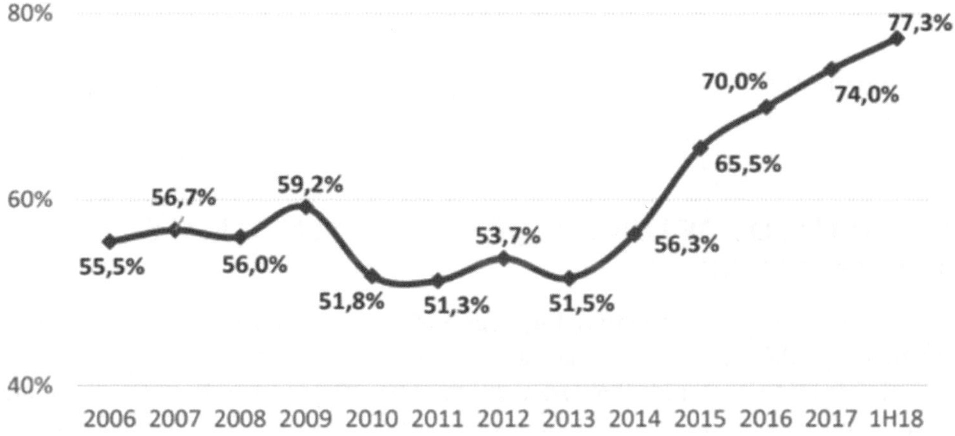

Fonte: Banco Central.

Para desacelerar o pico da inflação atingido em 2015 em mais de 10% ao ano, o Banco Central teve que elevar as taxas de juros, o que contribuiu para o aumento do nível da dívida pública. Porém, em 2017, quando parte da confiança anterior foi restaurada, o Banco Central passou a diminuir as taxas de juros para estimular o consumo.

Recentemente, o Banco Central manteve suas taxas de juros anuais constantes em 6,5% para sinalizar estabilidade do mercado e promover investimentos estrangeiros. O índice de inflação (IPCA) e a taxa de juros anual (Selic) mais adotados estão disponíveis na Figura 6.5.

Figura 6.5 – Inflação e taxa anual de juros.

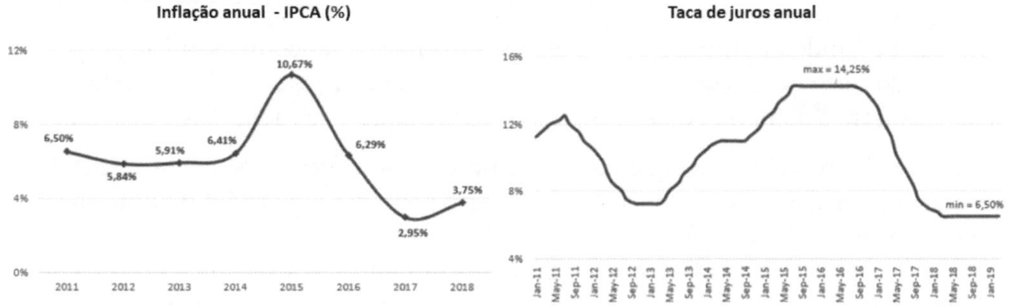

Fonte: Banco Central.

Em suma, a economia brasileira vive atualmente um período de grandes incertezas, causadas por sua turbulência política, derivada de um período anterior da descoberta de um esquema de corrupção maciça que envolveu importantes corporações e políticos, situação essa agravada, mais recentemente, pela crise sanitária de covid-19. A crise financeira também foi catalisada pela má gestão inicial da política fiscal, mas finalmente mostra sinais de recuperação que podem encorajar mais investidores nos próximos anos.

6.4 EXEMPLOS DE FUNDOS DE INVESTIMENTO ESG E NEGÓCIOS SOCIAIS

Esta seção tem como objetivo fornecer um panorama geral dos pioneiros em investimentos ESG no Brasil, avaliando sua capacidade de conduzir a consolidação deste investimento no país. Portanto, irá analisar alguns fundos ESG brasileiros pioneiros, descrevendo suas atividades, avaliando alguns resultados iniciais e apresentando os negócios sociais que receberam seus investimentos.

Como ainda existe um debate acadêmico com opiniões polêmicas sobre os resultados do investimento ESG em termos de valor adicional para os acionistas, buscou-se analisar algumas empresas brasileiras focadas em uma categoria de investimento ESG chamada investimento de impacto.

Como qualquer tipo de abordagem de investimento ESG, os investidores de impacto incluem questões ambientais, sociais e de governança corporativa junto com os retornos financeiros esperados ao avaliar as metas. A diferença é que, ao selecionar os investimentos, os investidores de impacto tendem a priorizar os resultados não financeiros gerados pelas empresas investidas em vez de só avaliar os fluxos de caixa esperados.

As gestoras de fundos de investimento de impacto que serão analisadas e discutidas nesta seção são a Vox Capital, MOV Investimentos, Kaeté Investimentos e GAG Investimentos. Vale ressaltar que elas foram escolhidas de modo a exemplificar a atuação deste tipo de fundo no Brasil, sem o intuito de fazer uma análise exaustiva de todos os fundos de impacto presentes no país.

Todos os fundos administrados por esses agentes financeiros são categorizados como fundos fechados, o que significa que o número de ações emitidas é limitado e as forças de oferta e demanda determinam o valor em que essas ações são negociadas.

Os investidores de impacto geralmente empregam estratégias de investimento ESG de triagem e engajamento em suas atividades. Em primeiro lugar, adotam uma abordagem de triagem excludente na seleção de objetivos de investimento de forma a garantir que as empresas investidas são capazes de causar um impacto social ou ambiental positivo. Então, após a assinatura do contrato, as gestoras de investimento de impacto gerenciam ativamente suas empresas investidas com uma estratégia de engajamento ESG que mitiga os riscos de governança corporativa inadequada pós-investimento.

É importante destacar que as organizações que têm como missão promover investimentos com impactos ambientais ou sociais sem considerar o retorno financeiro não foram consideradas neste estudo, pois seus modelos de negócios não estão alinhados à teoria *ESG Investing*. Alguns exemplos de empresas que contribuem para o ambiente de investimentos de impacto brasileiro, mas não foram incluídas neste estudo, são Artemisia, Sitawi e Bemtevi.

6.4.1 VOX CAPITAL

A Vox Capital é uma empresa de capital de risco que desde 2009 investe em negócios que melhoram a qualidade de vida da população de baixa renda no Brasil. Foi o primeiro fundo de investimento de impacto exclusivo a iniciar operações no país e sua estratégia é investir na operação de empresas com fins lucrativos em estágio inicial, com potencial para expandir as operações e entregar valor para a sociedade por meio de uma combinação de retornos financeiros atraentes e sociais positivos impacto.

A fim de evitar qualquer conflito de interesses, a política de remuneração da Vox está alinhada com as expectativas do investidor por um modelo de compensação de transporte exclusivo (VOX, 2017), o que torna a Vox elegível a uma taxa de performance de até 20% do valor superior à taxa mínima de retorno financeira do investimento, conforme ilustrado na Figura 6.6.

Essa política de remuneração foi projetada para considerar o desempenho da Vox de acordo com o *Global Impact Investing Rating System* (GIIRS), que avalia as empresas de investimento com base em seu impacto em cinco critérios diferentes: comunidades, meio ambiente, funcionários, governança e clientes. Portanto, a taxa de desempenho da Vox depende de sua capacidade de obter uma classificação GIIRS superior à média das empresas comparáveis avaliadas.

Figura 6.6 – Modelo de remuneração variável da Vox

O portfólio atual da Vox inclui dois fundos, que são ativamente administrados pela empresa: Vox Impact Investing I e II. Ambos os fundos investem em empresas de educação, saúde e serviços financeiros e, além do porte, a principal diferença entre eles é o estágio em que cada um se posiciona.

A Vox I foi iniciada em setembro de 2012 e já está realizando alguns desinvestimentos enquanto a Vox II iniciou suas operações em agosto de 2016 e ainda está captando recursos e desenvolvendo seu portfólio, que é composto por três empresas até o momento.

Segundo site da empresa, em 2019 a Vox I tinha R$ 84 milhões de capital sob gestão, enquanto a Vox II tinha R$ 50,2 milhões. A composição de ambas as carteiras em 2019 é ilustrada na Tabela 6.1.

Tabela 6.1 – Empresas investidas pela Vox (portfólio de 2019).

Empresa	Setor	Descrição
Vox Impact Investing I		
Avante	Microcrédito	Fintech que oferta crédito para micro e pequenos empreendedores em regiões mal servidas pelo sistema financeiro atual.
Magnamed	Saúde	Fabricante de equipamentos de ventilação pulmonar de fácil utilização e com maior disponibilidade de bateria, voltados para cuidados críticos de saúde.
ProRadis	Saúde	Desenvolve softwares especializados na gestão e operação de clínicas de Radiologia, capazes de gerar maior transparência e eficiência ao atendimento à saúde.
Bem.Care	Saúde	Health tech que fornece assistência médica de qualidade e microsseguro de acidentes pessoais acessíveis para a população.
ToLife	Saúde	Desenvolve soluções tecnológicas para reduzir o tempo de atendimento emergencial em unidades de saúde, automatizando e otimizando processos.
Vox Impact Investing II		
Sanar	Educação	Edtech que fornece ferramentas educacionais de qualidade e acessíveis para estudantes e profissionais de saúde.
Celcoin	Serviços Financeiros	Fintech que usa a tecnologia para expandir o acesso a atendimento bancário. Oferece soluções de atendimento para a população através de microempreendedores que operam como correspondentes bancários e oferece uma solução de API com backend bancário completo.
Virtus	Serviços Financeiros	Fintech que oferece parcelamento de compras online, por meio da plataforma Boleto POP (conversão de boletos à vista em crédito parcelado) e VirtusPay (meio de pagamento no check-out de e-commerces).
Grão	Serviços Financeiros	Fintech cuja plataforma permite que qualquer pessoa possa começar a investir a partir de R$ 1,00 por meio de transferência bancária ou boleto, sem incidência de tarifas e com rentabilidade superior à poupança.

Fonte: Vox (2019).

Em 2018, a Vox Capital encerrou seu investimento na Tem, uma empresa de cartão de crédito pré-pago que oferece descontos em produtos e serviços de saúde. Esse desinvestimento gerou um retorno anual de 26% sobre o investimento inicial de R$ 3 milhões feito em 2015 para uma participação de 30% da empresa e representou o primeiro *case de sucesso* de investimento de impacto no Brasil.[1]

Desde a entrada da Vox Capital, a Tem apresentou uma tendência de crescimento das receitas que aumentaram 140% de 2016 a 2017. Além disso, seu quadro de funcionários passou de 11 para 39 funcionários e estabeleceu uma sólida base de clientes de mais de 1,5 milhão de cartões emitidos.

Antes desse anúncio, a Natura, grande player do setor de beleza no Brasil, divulgou uma parceria com a Tem com o objetivo de oferecer o cartão como um benefício para seus 1,2 milhão de vendedores.[2] Esperava-se que esse fato aumentasse a receita da Tem de R$ 6 milhões em 2017 para R $ 10 milhões em 2018, o que seria outro impressionante crescimento anual de aproximadamente 67%.

A saída da Vox da empresa Tem também significou a entrada da Generali, a terceira maior seguradora do mundo. Portanto, espera-se um novo incremento na gama de serviços médicos prestados pela Tem.

Em 2019, a Vox Capital lançou um novo produto denominado Clube de Impacto, que visa reduzir o fosso anterior entre quem estava qualificado para investir a partir dos fundos oferecidos pela Vox e os empreendedores de baixa renda financiados pelos instrumentos.

Ambos os fundos administrados pela Vox são classificados como Fundos de Investimento em Participações (FIP), uma espécie de fundo brasileiro semelhante aos fundos de *private equity*. Os FIP são classificados como títulos de renda variável que devem manter, no mínimo, 90% de seus ativos sob gestão investidos no patrimônio líquido.[3]

Apesar de serem administrados por investidores profissionais, os FIP são considerados veículos de investimento de alto risco ilíquidos, porque podem financiar empresas listadas e não listadas. Como as empresas não listadas não são tão maduras quanto as empresas públicas, os FIP podem investir em empresas com maior potencial de crescimento, mas com maior risco de falência.

Portanto, a legislação brasileira permite que uma quantidade restrita de investidores qualificados invista em FIP. Para alocar recursos em FIP, o investidor deve ter mais de R$ 10 milhões em conta. Além disso, os FIP exigem um valor mínimo de investimento inicial, muitas vezes superior a dezenas de milhares de dólares.

---

1 Valor Econômico. [Online] 2018. [Access: April 21, 2019]. https://www.valor.com.br/financas/5572647/vox- capital-tem-lucro-de-26-ao-ano-com-negocio-de-impacto

2 Tem. [Online] 2018. [Access: April 21, 2019]. https://www.meutem.com.br/release-26

3 B3 – Bovespa Stock Exchange. [Online]. [Access: May 28, 2019]. http://www.b3.com.br/pt_br/produtos-e-

Nem é preciso dizer que é evidente que apenas uma pequena porcentagem da população brasileira atende a todos esses requisitos. Segundo estimativa do Instituto Brasileiro de Geografia e Estatística, apenas 5,4% dos domicílios têm renda mensal superior a R$ 4,990 per capita.[4]

Portanto, o Impact Club é inovador, pois cria uma plataforma de *crowdfunding* de ações que abre o acesso de mais investidores a negócios em estágio inicial e investimentos de impacto.

Gabriela Chagas, responsável pela criação de novos produtos na Vox Capital, define o Impact Club como uma plataforma online que expõe diferentes *startups* e negócios em estágio inicial a investidores comuns, exigindo um valor mínimo de investimento inicial de R$ 1.000.

Como objetivo secundário, o Impact Club pretende servir como uma rede para conectar investidores com pensamentos e propósitos semelhantes, com o objetivo de fomentar mais comprometimento com o investimento de impacto.

6.4.2 MOV INVESTIMENTOS

A MOV Investimentos é uma gestora de recursos de terceiros que formalizou sua primeira operação em 2012. Especializada em negócios em estágio inicial e de crescimento, possuía R$ 100,8 milhões em ativos sob gestão ao final do primeiro trimestre de 2019. Sua missão é investir e cocriar empresas inovadoras que ofereçam oportunidades a populações vulneráveis e/ou promovam o uso sustentável dos recursos naturais com resultados financeiros atrativos.

De acordo com o Relatório de Impacto de 2016 divulgado, o MOV visa, intencionalmente, gerar retorno financeiro aos seus investidores apostando em empresas que causem qualquer impacto social ou ambiental. No entanto, ao perseguir objetivos não financeiros, a empresa aceita riscos maiores, pois concentra seus investimentos em *startups* (MOV, 2016).

A empresa administra um único fundo fechado denominado MOV 1, que iniciou suas operações em 2015 e investe em cinco empresas de diversos setores, conforme mostra a Tabela 6.2.

4 Brazilian Institute of Geography and Statistics. [Online]. [Access: May 28, 2019]. https://www.ibge.gov.br/estatisticas/sociais/populacao/9221-sintese-de-indicadores-sociais.html?=&t=resultados

Tabela 6.2 – Empresas investidas pela MOV (portfólio de 2019)

Empresa	Setor	Descrição
Biofílica	Florestal	Busca monetizar o valor da floresta em pé, tornando a conservação ambiental uma atividade economicamente interessante para proprietários de florestas, comunidades, governos e investidores.
Órigo Energia	Energia	Tem o compromisso de massificar o uso de energia renovável solar no Brasil, através de Fazendas Solares, Telhados Solares e Projetos Especiais.
Terra Nova	Moradia	Fornece serviços de apoio à regularização fundiária de áreas urbanas, dissolvendo conflitos entre proprietários e ocupantes e evitando desocupações forçadas.
Triciclos	Reciclagem	Trabalha para a construção de hábitos mais sustentáveis na sociedade, através de soluções inovadoras de economia circular aplicada.
Tuneduc	Educação	Objetiva melhorar a educação por meio de decisões baseadas em evidências.

Fonte: MOV (2019).

Segundo Denis Nakahara, sócio da MOV Investimentos, apenas onze famílias abastadas contribuíram para o fundo de R$ 100 milhões, o que significa um valor mínimo de entrada elevado.

A empresa realiza investimentos de acordo com os seguintes critérios (MOV, 2019):

- Impacto bem definido: os negócios devem ter claro potencial de impacto social (servindo aos menos favorecidos como ferramentas de transformação) e/ou ambiental (gerindo ativos ambientais para um desenvolvimento mais limpo e inclusivo);
- Virtuosismo Econômico: é necessário haver um forte modelo de negócio com vitalidade econômica para atrair capital humano e financeiro na criação de círculos virtuosos de crescimento sustentável;
- Empreendedores alinhados: a MOV investe em pessoas com forte espírito empreendedor, capacidade de execução e alinhadas com sua visão – a de "ser um agente relevante e inspirador no processo de transição para um viver mais harmônico e equilibrado";
- Escalabilidade: os negócios devem possuir potencial de escala significativa, produzindo mudanças estruturais para mudar o status quo;
- Inovação: é importante enxergar problemas a partir de novas lentes, criando produtos e serviços inovadores como ferramentas transformadoras.

As principais áreas de investimento são educação, habitação, florestas e biodiversidade, energias renováveis e reciclagem. A MOV é um investidor ativo que atua de forma bastante próxima dos empreendedores no desenvolvimento das empresas. Além do capital financeiro, ela contribui com uma ampla rede de relacionamentos (i), com expertise para análises de investimentos e gestão de riscos (ii), para a construção de uma boa governança (iii), com uma visão estratégica e de longo prazo (iv) e análise e mensuração de impacto (v).

Por fim, vale ressaltar que parte da remuneração da MOV é atrelada à performance de impacto socioambiental de suas investidas. Nesse caso, além da taxa fixa de administração de recursos, o gestor também é remunerado caso o retorno de sua carteira atinja determinado *benchmark* e alcance metas socioambientais aprovadas em assembleia de quotistas do fundo. Assim, há um forte alinhamento de expectativas e resultados – tanto financeiras quanto socioambientais – de todos os *stakeholders* do fundo (quotistas, gestor e empreendedores/investidores).

6.4.3 KAETÉ INVESTIMENTOS

Fundada em 2011, a Kaeté Investimentos é a gestora do Fundo Empresas Sustentáveis da Amazônia – o primeiro fundo de *Private Equity* focado em pequenas e médias empresas da Amazônia brasileira e baseado nos princípios socioambientais de investimento de impacto, viabilizado pelo Banco Nacional de Desenvolvimento Econômico e Social (BNDES).

A missão da Kaeté é "oferecer oportunidades únicas para investimentos, gerando lucro e, ao mesmo tempo, criando impacto social e ambiental positivo em algumas das regiões do Brasil mais carentes de recursos financeiros". Assim, a empresa realiza investimentos minoritários em negócios de médio porte com potencial de crescimento, de acordo com os seguintes critérios:

- Foco nos mercados e consumidores de baixa renda: os investimentos da Kaeté se concentram nas regiões Norte, Nordeste e Centro-Oeste (o fundo atual investe em empresas da Amazônia Legal), tipicamente nos municípios entre os 30% mais baixos na classificação do Índice de Desenvolvimento Humano (IDH);
- Geração de riqueza e renda: os modelos de negócio priorizados devem ter impacto econômico e social relevante nas regiões com limitação de acesso a empregos e atividades empreendedoras, beneficiando famílias de baixa renda e cooperativas ali presentes;
- Mitigação de mudanças climáticas: os negócios devem promover o uso sustentável e otimizado dos recursos naturais.

Seus investimentos variam de R$ 5 milhões a R$ 25 milhões por empresa, podendo ser estruturados como dívida conversível ou participação acionária. O fundo conta com R$ 100 milhões de recursos financeiros sob administração, a serem aplicados em setores prioritários de investimento, como agroindústria, imobiliário, educação, energia, saúde e infraestrutura. Desde 2011, a Kaeté é signatária dos Princípios para Investimento Responsável (PRI) da ONU.

O fundo já aprovou investimentos em quatro empresas, sendo três delas localizadas no estado do Acre no modelo de parceria público-privado-comunitária e outra no estado do Tocantins.

- Acreaves: Fundada em 2004 na região do Alto Acre, a Acreaves é uma empresa de processamento de aves que tem como sócia a cooperativa dos produtores de frango da região (Agroaves). A inclusão dos agricultores familiares na cadeia de valor da empresa cria uma alternativa de renda proveniente de uma atividade que não promove o desmatamento na região, além de dinamizar a economia do Alto Acre. Atualmente a empresa conta com um incubatório, fábrica de rações, galpões e fábrica de embutidos, estabelecendo um complexo agroindustrial de aves. Também é importante ressaltar o investimento da empresa em tecnologia, adotando técnicas e instalações modernas de criação, fazendo com que a empresa atenda 40% do mercado de frangos congelados e 100% da demanda de frangos resfriados do Acre, com planos para expansão internacional;
- Dom Porquito: Fundada em 2013 também no estado do Acre, a empresa atua na produção de suínos, com uma unidade produtora de leitões, galpões de engorda em parceria com os agricultores familiares e um frigorífico. A Cooperativa de Suinocultores do Acre é sócia do empreendimento, revertendo diretamente a rentabilidade do negócio para os pequenos e médios produtores integrados. De fato, o governo do Acre foi quem garantiu os investimentos iniciais necessários para criação da empresa, baseado na premissa de forte envolvimento dos agricultores familiares da região;
- Peixes da Amazônia: Também no modelo de parceria público-privada-comunitária, a empresa foi criada em 2011 no Acre para reprodução e processamento de peixes nativos da Amazônia. Atualmente, a Peixes da Amazônia possui um centro de alevinagem, uma fábrica de rações e um frigorífico de processamento de pescado, sendo a engorda dos peixes realizada por famílias locais para as quais a empresa fornece alevinos e ração, assistência técnica para produção e garantia de compra de todo o pescado produzido. A Cooperativa Regional de Piscicultores é sócia do empreendimento, junto com a Agência de Desenvolvimento Estadual e investidores privados; entretanto, cabe ressaltar que a empresa tem enfrentado riscos de falência e fez pedido formal de recuperação judicial em fevereiro de 2019;
- Tobasa Bioindustrial: Fundada em 1968 no estado do Tocantins, a Tobasa é uma biorefinaria que se destaca pela inovação no desenvolvimento da cadeia de suprimento e no aproveitamento integral do coco de babaçu, produzindo carvão ativado, óleo, torta proteica, biomassas energéticas, farinhas amiláceas e álcool amiláceo. Com a tecnologia de aproveitamento integral do coco, a empresa evita o trabalho manual e insalubre de quebra do coco de babaçu, afetando diretamente os cerca de 2.000 extrativistas envolvidos na coleta do coco inteiro na floresta. Atualmente a Tobasa Bioindustrial é o único complexo industrial do gênero existente no país e possui a maior fábrica de carvão ativado de coco da América Latina.

6.4.4 GAG INVESTIMENTOS

A GAG Investimentos é uma empresa de *private equity* fundada em 2012 por três sócios: Fátima Laplaca, Anna Caroline e Gilberto Gonçalves, que possuía uma vasta experiência no mercado financeiro, com mais de dez anos de experiência em instituições financeiras de referência como Morgan Stanley e Credit Suisse.

Investe em empresas que promovem o acesso da população de baixa renda aos serviços de saúde com o objetivo final de reduzir a desigualdade, mas apesar de seu foco principal no setor de saúde, os investimentos do GAG não se restringem a isso. Seu portfólio real engloba diferentes setores, conforme descrito na Tabela 6.3.

Tabela 6.3 – Empresas investidas pela GAG (portfólio de 2019)

Empresa	Setor	Descrição
AssistCare	Saúde	Oferece serviços de saúde domiciliar.
GC2	Saúde	Laboratório de pesquisas clínicas com foco em desenvolver e disponibilizar ao mercado produtos e serviços que promovam o crescimento do PD&I farmacêutico, o acesso à saúde, a qualidade de vida.
GlicOnline	Saúde	Aplicativo que auxilia a rotina de cuidados com o diabetes.
Magma	Saúde	Oferece soluções de Gestão de UTI e Gestão on line de Escala Médica.
Já Entendi	Educação	Plataforma de educação corporativa para a base da pirâmide, baseada em uma metodologia de ensino que economiza tempo e garante resultado.
Casa e Café	Serviços domésticos	Plataforma para contratação de profissionais domésticos, sendo um vetor de transformação social para a base da pirâmide nos países em desenvolvimento.

Fonte: GAG (2019).

De acordo com seu site, todas as empresas apoiadas pela GAG Investimentos demonstraram eticamente buscar alternativas viáveis de causar qualquer impacto social e, ao mesmo tempo, manter suas demonstrações financeiras sob controle.

6.5 O CRESCIMENTO DAS OPERAÇÕES VERDES

A emergência de produtos e modelos de negócio sustentáveis e a crescente demanda por financiamento em projetos a eles relacionados em todo o mundo têm levado o mercado financeiro a desenvolver modelos de investimento específicos para esse fim.

Os Títulos Verdes (*Green Bonds*), Sociais (*Social Bonds*) ou Vinculados à Sustentabilidade (*Sustainability-Linked Bonds*) são alguns desses instrumentos financeiros criados para viabilizar a captação para projetos de investimento sustentáveis, por empresas e governos (Produtos e Serviços ESG, B3, 2021). Hoje o Brasil responde por mais da metade das emissões de Títulos Verdes por empresas na América Latina, com mais de R$ 8 bilhões emitidos no mercado interno (GIZ, 2020). Empresas brasileiras como Suzano e BRF já emitiram títulos verdes da ordem de US$ 700 milhões e € 500 milhões, respectivamente, para investimento em projetos sustentáveis (GIZ, 2020). Além dos títulos verdes, têm surgido no Brasil cada vez mais fundos de investimento focados em empresas ESG ou projetos de impacto socioambiental positivo.

Esses veículos de investimento, já disponíveis no mercado brasileiro, podem se configurar como importantes fontes de captação de recursos para negócios sociais – a custos e condições diferenciados.

CAPÍTULO 7
Modelo de avaliação de impacto socioambiental

7.1 AVALIAÇÃO DO IMPACTO SOCIOAMBIENTAL

A principal diferença entre negócios tradicionais e negócios sociais está na associação entre retorno financeiro e geração de impacto social positivo. Assim, mensurar a capacidade de um negócio gerar impacto social é um aspecto determinante na definição de sua identidade, sendo imperativo construir mecanismos que informem o impacto gerado (BRANDÃO, CRUZ e ARIDA, 2015).

Um estudo da *Global Impact Investing Network* (SCHIFF, BASS e COHEN, 2016) mostra como investidores e empreendedores podem gerar valor para seus empreen dimentos sociais a partir da mensuração do impacto gerado. Os cinco *drivers* de criação de valor destacados a seguir influenciam a viabilidade financeira do negócio e ressaltam a importância de monitorar e avaliar o impacto socioambiental gerado pelas empresas sociais:

- Aumento da receita: Ao entender melhor os clientes finais do negócio – status socioeconômico, nível de acesso a serviços, preferências e necessidades específicas – os gestores podem segmentar de maneira mais precisa seu público-alvo e oferecer produtos e serviços mais alinhados com as necessidades de seus clientes;
- Eficiência e eficácia operacional: os dados de desempenho social e ambiental podem ser utilizados para desenvolver e alinhar diversas áreas operacionais da empresa, como procedimentos contábeis e financeiros ou gerenciamento de recursos humanos;
- Decisões de investimento: os dados de impacto social e ambiental também são utilizados para determinar quais setores ou negócios se alinham mais com o perfil de determinados investidores, atraindo capital para a empresa;
- Marketing e reputação: o impacto gerado pelo negócio pode ser utilizado para marketing da empresa e para atrair e ganhar confiança de partes interessadas;

- Alinhamento estratégico e mitigação de riscos: a mensuração do impacto assegura o alinhamento das atividades da empresa com a sua missão e estratégia, assim como fornece dados importantes sobre o desempenho do negócio para corrigir eventuais problemas e prevenir perdas.

Nesse contexto, esta seção busca apresentar as principais abordagens e conjuntos de ferramentas utilizados para mensurar e avaliar o impacto gerado no campo dos negócios sociais e investimentos de impacto. Eles foram categorizados de acordo com o estudo de Reisman e Olazabal (2016), que segmentaram as abordagens atuais de mensuração de impacto em quatro frentes: padronização e certificação, análise de impacto em nível de mercado, mensuração de impacto em profundidade e, por fim, monitoramento de desempenho.

Esse mapeamento também incorpora ferramentas e abordagens listadas nos textos de Brandão, Cruz e Arida (2015) e Deloitte (2015).

7.1.1 PADRONIZAÇÃO E CERTIFICAÇÃO

Diversas organizações têm trabalhado para facilitar o reconhecimento do impacto socioambiental gerado pelas empresas. Elas são as responsáveis por criar e padronizar princípios e métricas para a medição, monitoramento e comunicação do impacto, assim como certificar instituições quanto ao seu desempenho em termos de crescimento e impacto social (DELOITTE, 2015).

Essas métricas são importantes para distinguir empresas sociais que têm diferentes desempenhos, permitindo que gestores, investidores e outras partes interessadas também tomem decisões com base no impacto social e ambiental gerado, além da rentabilidade financeira do negócio (BRANDENBURG, 2012).

7.1.1.1 Impact Report and Investment Standards (IRIS+)

É um conjunto de métricas padronizadas para mensurar e descrever o desempenho social, ambiental e financeiro das organizações. Pode ser comparado ao *International Financial Reporting Standards* (IFRS) ou ao *Generally Accepted Accounting Principals* (GAAP) (GELFAND, 2012).

O sistema IRIS+ opera como uma taxonomia com métricas individuais para contabilizar o desempenho social, ambiental e financeiro de um investimento. Foi desenvolvido pelo *Global Impact Investing Network* (GIIN) em 2009 e atualmente conta com 643 indicadores em sua versão 5.1, sendo utilizado por mais de 5 mil organizações em todo o mundo para avaliar, comunicar e gerenciar seu desempenho social e ambiental (IRIS, 2020).

A Tabela 7.1 apresenta alguns exemplos de métricas do IRIS+.

Tabela 7.1 – Exemplos de métricas do IRIS+

ID	Métrica	Descrição
PI9991	Fornecedores individuais: pequenos proprietários	Número de pequenos agricultores que venderam para a organização durante o período do relatório.
FP4326	Retorno sobre ativos (ROA)	Valor do lucro líquido de uma organização após os impostos gerados por dólar investidos nos ativos totais para o período do relatório. Este é um índice de rentabilidade calculado como lucro líquido dividido pelo ativo total médio.
PI4279	Relação entre recursos educacionais e alunos	Número de livros didáticos ou recursos educacionais digitais por aluno fornecidos pela organização durante o período do relatório.
PI8043	Água fornecida para venda: potável	Volume de água potável fornecida e entregue ao(s) vendedor(es) durante o período do relatório.
OD6737	Escoamento de água da chuva	Volume de água gerado pela chuva e derretimento da neve fluindo sobre (sem encharcar o solo) terras indiretamente ou diretamente, controlados pela organização durante o período coberto pelo relatório.

Fonte: Elaborado pelo autor com base em IRIS *Taxonomy* 5.1 (2020).

7.1.1.2 Sistema B

É um sistema de certificação de empresas capazes de gerar impacto positivo em suas atividades, desenvolvido pela *B Lab* (organização sem fins lucrativos). Para ser reconhecida como uma empresa B, é necessário que a organização aborde três principais pontos: resolver problemas sociais e ambientais por meio de seus produtos/serviços; atender níveis mínimos de desempenho e mostrar seu impacto socioambiental de forma transparente; por fim, fazer mudanças legais para considerar trabalhadores, a comunidade e o meio ambiente de forma vinculativa na tomada de decisões (DELOITTE, 2015).

O processo de certificação se dá por meio do preenchimento do *B Impact Assessment* (BIA) - um formulário que avalia o impacto geral da empresa em seus *stakeholders*, no qual a empresa deve conseguir pelo menos 80 pontos de um total de 200. A empresa passa então por uma etapa de revisão dos dados, quando precisa apresentar documentos comprovatórios de suas respostas no BIA, além de aceitar receber visitas técnicas eventuais do time da *B Lab* para comprovação de suas atividades. A certificação é válida por 2 anos (BCORP, 2017).

O BIA possui mais de 40 versões diferentes que variam de acordo com o tamanho da empresa (número de funcionários), setor e localização geográfica. Em geral, ele cobre as seguintes áreas (BCORP, 2017):

- Governança: avalia a missão da empresa, padrões éticos, prestação de contas e transparência;
- Colaboradores: avalia a contribuição da empresa para o bem-estar de seus funcionários, incluindo temas como salários e benefícios, treinamentos, saúde, segurança e flexibilidade;
- Comunidade: avalia o engajamento e o impacto da empresa na comunidade, incluindo temas como diversidade, criação de empregos, relações com fornecedores, serviços comunitários e contribuições de caridade. Também possui direcionamentos específicos para empresas que visam resolver problemas na comunidade, como capacitação de trabalhadores, diminuição da pobreza via integração em cadeias de valor, entre outros;
- Meio ambiente: avalia a administração geral da empresa no que tange às suas instalações, uso de recursos, emissões e cadeia de suprimentos. Também possui direcionamentos específicos para empresas que visam resolver problemas ambientais, como redesenho de processos de manufatura, geração de energia renovável, conservação de terras ou animais, entre outros;
- Clientes: avalia empresas cujo produto ou serviço é feito para endereçar um problema social específico de seus clientes, como saúde ou educação, examinando até que ponto o produto/serviço beneficia as comunidades desfavorecidas. Para algumas empresas, esta seção não se aplica.

A título de exemplo de uma empresa B, cabe citar o caso da empresa ReUrbi, criada em 2012 e que tem por finalidade gerar impactos socioambientais positivos, por meio de "soluções de logística reversa no descarte de equipamentos eletrônicos de TI e Telecomunicações, alinhada aos princípios da economia circular, valorizando seu descarte e promovendo a inclusão digital através de projetos sociais de clientes e parceiros". Um de seus principais projetos, o "Paideia – Pró-profissionalização em Tecnologia da Informação", objetiva o "treinamento de jovens, de baixa renda entre 16 e 20 anos, em cidadania, microinformática e computação, com posterior colocação no mercado de trabalho e acompanhamento pelo período de 3 anos", em parceria com o Laboratório de Sustentabilidade (LASSU) do Departamento de Engenharia de Computação e Sistemas Digitais da Escola Politécnica da USP (https://reurbi.com.br).

7.1.1.3 Global Impact Investing Rating System (GIIRS)

É um sistema de certificação de impacto social e ambiental de empresas e fundos de investimentos, também desenvolvido pela *B Lab*, porém com um foco para investidores (RICHARDSON, 2012).

Nesse sistema, as empresas são avaliadas por meio do BIA e recebem duas classificações adicionais: o *IBM Rating* que leva em conta o modelo de negócio da empresa e seus principais indicadores (KPI) e o *Operations Rating*, que considera a comparação de desempenho da empresa com *benchmarks* baseados na geografia, tamanho e missão. Já os fundos são avaliados quanto ao seu foco de investimentos, critérios de investimento, gestão de portfólio e *benchmarks* (*Fund Manager Assessment*), sendo o *IBM Rating* e o *Operations Rating* médias ponderadas das empresas em seu portfólio de acordo com a alocação de capital do fundo (GIIRS, 2017).

A Figura 7.1 apresenta as escalas das classificações *IBM Rating* (em que *Platinum* é a nota máxima e Bronze é a nota mínima) e *Operations Rating* (em que 5 estrelas é a nota máxima e *Rated* é a nota mínima):

Figura 7.1 – Classificações GIIRS Rating.

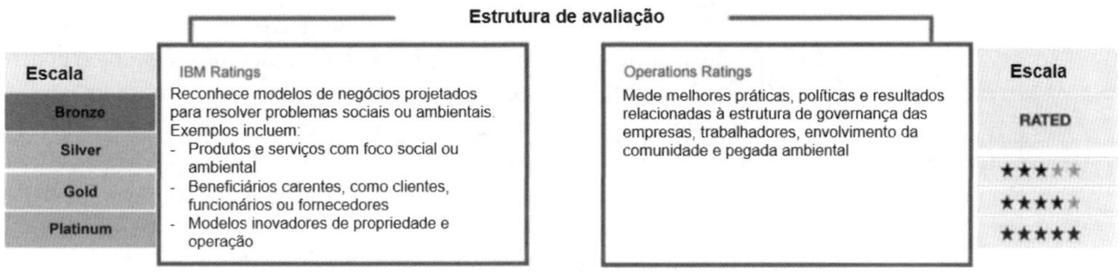

Fonte: GIIRS, 2017.

7.1.1.4 Global Reporting Initiative (GRI)

É uma organização internacional independente que padroniza a maneira de comunicar de forma efetiva os impactos socioambientais atingidos por empresas, governos e outras instituições. Assim, o GRI estabelece as diretrizes e orientações técnicas para a elaboração do relatório de sustentabilidade ou balanço social das empresas (DELOITTE, 2015).

A tabela a seguir apresenta os dez princípios fundamentais para elaboração de um relatório de acordo com os padrões GRI, segmentados em dois grupos: princípios para definir o conteúdo do relatório e princípios para definir a qualidade do relatório. Juntos, eles correspondem às orientações fundamentais que a empresa deve seguir antes das demais diretrizes do GRI – que são as divulgações gerais sobre o contexto empresarial (informações sobre o perfil da empresa, estratégia, código de conduta ético, governança, práticas de engajamento dos *stakeholders* etc.) e abordagem gerencial (padrões específicos de como uma empresa gerencia determinados tópicos nas áreas econômica, social e ambiental).

Tabela 7.2 – Princípios fundamentais do GRI.

Princípios		Descrição
Definição do conteúdo	Inclusão dos *stakeholders*	A organização deve identificar seus *stakeholders* e explicar como respondeu às suas principais expectativas e interesses
	Contexto de sustentabilidade	O relatório deve apresentar o desempenho da organização em seu contexto mais amplo da sustentabilidade (condições econômicas, sociais e ambientais nos níveis local, regional ou global)
	Materialidade	O relatório deve abranger tópicos que refletem impactos econômicos, sociais e ambientais significativos ou que influenciem substancialmente as avaliações e decisões de seus *stakeholders*
	Completude	O relatório deve incluir a cobertura de tópicos materiais e seus limites, suficientes para refletir impactos econômicos, ambientais e sociais significativos e permitir que os *stakeholders* avaliem o desempenho da organização no período especificado
Definição da qualidade	Acurácia	A informação do relatório deve ser suficientemente precisa e detalhada para que os *stakeholders* possam avaliar o desempenho da organização
	Balanceamento	A informação do relatório deve refletir os aspectos positivos e negativos do desempenho da organização para permitir uma avaliação fundamentada de seu desempenho geral
	Clareza	A organização deve disponibilizar as informações de forma que seja compreensível e acessível aos *stakeholders* que as usam
	Comparabilidade	A organização deve selecionar, compilar e comunicar as informações de forma consistente ao longo do tempo, possibilitando que os *stakeholders* possam analisar a evolução no desempenho da organização em diferentes períodos
	Confiabilidade	A organização deve coletar, registrar, compilar, analisar e comunicar as informações e os processos utilizados na elaboração do relatório, de forma que possam ser submetidos a avaliação externa e que estabeleçam a qualidade e a materialidade das informações
	Periodicidade	A organização deve informar um cronograma regular para que a informação esteja disponível a tempo que os *stakeholders* possam tomar decisões fundamentadas

7.1.1.5 Princípios para Investimento Responsável (PRI)

Em 2008 a ONU desenvolveu o *Principles for Responsible Investment* (PRI) com o objetivo de promover a adoção de práticas de Investimento Responsável, fazendo com que as empresas integrem temas ambientais, sociais e de governança (ESG) em suas decisões de investimento e propriedade de ativos (PRI, 2016).

O PRI já conta cerca de 4.000 signatários em cerca de 50 países, que se comprometem a seguir seis princípios em seus investimentos (PRI, 2021):

- Princípio 1: Incorporar temas de ESG nas análises de investimento e aos processos de tomada de decisão;
- Princípio 2: Ser proprietário ativo e incorporar os temas de ESG nas políticas e práticas de detenção de ativos;

- Princípio 3: Buscar a transparência adequada nas empresas em que investe quanto às questões de ESG;
- Princípio 4: Promover a aceitação e a implementação dos princípios no conjunto de investidores institucionais;
- Princípio 5: Trabalhar de forma colaborativa para ampliar a eficácia na implementação dos princípios;
- Princípio 6: Divulgar relatórios sobre atividades e progressos em relação à implementação dos princípios.

7.1.1.6 Objetivos de Desenvolvimento Sustentável (ODS)

Ao endereçar os maiores desafios econômicos, sociais e ambientais em todo o mundo, os ODS ajudam a alinhar o desenvolvimento de novas tecnologias e soluções com as prioridades globais de desenvolvimento sustentável.

O ODS 12, por exemplo, pretende garantir padrões de consumo e produção sustentáveis ao promover aumento da eficiência energética, redução do uso, da degradação e da poluição dos recursos, assim como conscientizar e educar os consumidores sobre estilos de vida e consumo sustentáveis, fornecendo informações adequadas ao longo de toda cadeia de valor dos produtos. Uma de suas metas específicas é a redução pela metade dos resíduos alimentares globais per capita nos níveis de varejo e consumidor, e reduzir perdas de alimentos ao longo das cadeias de suprimento (ONU, 2017). Assim, negócios com atuação nesse setor podem mensurar como suas operações contribuem para o alcance dessa meta em específico em sua região.

Um estudo da GIIN (2016) destaca o trabalho que diversos investidores de impacto vêm fazendo para alinhar seu portfólio com os ODS de modo a apoiar o sucesso desta iniciativa global. De maneira geral, esse alinhamento beneficia os investidores de três principais formas:

- Comunicação: os ODS são um quadro útil de comunicação para articular a relação entre os investimentos e as metas de impacto. Sua estrutura simplifica a comunicação com uma variedade de *stakeholders*, incluindo clientes, investidas e outros investidores;
- Estratégia e objetivos: os ODS revigoram as atividades dos investidores de impacto ao atuar como uma declaração global de que investir no desenvolvimento sustentável é uma oportunidade para o setor privado. Além disso, eles ajudam os investidores de impacto a reorientar seu posicionamento estratégico – por mais que isso não represente uma grande mudança com relação a suas atividades anteriores;
- Novos investimentos: os ODS apresentam um ponto de entrada simples e atraente para os investidores que ainda não estão envolvidos com investimentos de impacto, ajudando a atrair mais capital privado para o alcance dos ODS globalmente.

7.1.2 ANÁLISE DE IMPACTO EM NÍVEL DE MERCADO

Essa categoria permite diferenciar impacto incremental de impacto sistêmico ou de mercado. O primeiro se refere ao resultado mais imediato de atividades, serviços, tecnologias e práticas no curto prazo, ainda sem grande escala, relacionado ao valor que a empresa gera para seus clientes diretos. Já o impacto sistêmico ocorre com a implementação de políticas e atividades que influenciam resultados no longo prazo, ajudando a construir ou moldar um novo mercado e uma nova realidade (REISMAN e OLAZABAL, 2016; BANNICK *et al.*, 2017).

Nesse contexto, é essencial a utilização da teoria da mudança – uma abordagem que permite selecionar medidas de avaliação do impacto baseada na compreensão de que uma cadeia de resultados interconectada pode, em última instância, gerar o impacto socioambiental almejado (REISMAN e OLAZABAL, 2016).

A Teoria de Mudança é uma abordagem de avaliação de impacto que dialoga com a cadeia de valor de um negócio social, explicitando claramente quais as mudanças pretendidas e como elas irão ocorrer (JPMORGAN, 2015). Ela busca articular o contexto no qual o negócio está inserido e a cadeia causal entre as atividades realizadas e os objetivos pretendidos de curto, médio e longo prazo (BRANDÃO, CRUZ e ARIDA, 2015).

A Figura 7.2 resume o modelo linear da Teoria de Mudança, oferecendo uma visão mais objetiva da lógica e da viabilidade de gerar impacto.

Figura 7.2 – Modelo linear da Teoria de Mudança.

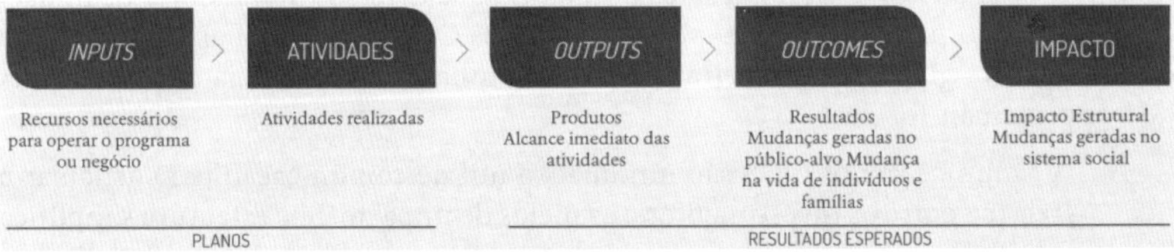

Fonte: Brandão, Cruz e Arida (2015, p. 9.)

Os *inputs* representam os elementos que permitem que a empresa realize suas atividades. Os *outputs* são os resultados imediatos das atividades realizadas pela empresa, em geral mais tangíveis e com maior facilidade de mensuração. Já os *outcomes* são as mudanças esperadas no público-alvo do negócio, atreladas aos objetivos da empresa (impacto incremental). Por fim, o impacto (sistêmico) se refere às mudanças estruturais geradas no sistema de atuação da empresa, em geral dependente também de outras dinâmicas do mercado. Sua mensuração é mais complexa por ter natureza de longo prazo e pela dificuldade de provar a causalidade com as atividades do negócio (BRANDÃO, CRUZ e ARIDA, 2015; JPMORGAN, 2015; REISMAN e OLAZA-

BAL, 2016).

Assim, com a adequada disponibilidade de recursos e condução das atividades, os produtos gerados (*outputs*) podem gerar benefícios para o público-alvo (*outcomes*), consolidando-se como mudanças positivas para um conjunto de organizações e/ou comunidades, consideradas como o impacto do empreendimento (BRANDÃO, CRUZ e ARIDA, 2015).

7.1.3 MENSURAÇÃO DE IMPACTO EM PROFUNDIDADE

Esse tipo de abordagem oferece mais rigor na avaliação de impacto ao utilizar processos sistemáticos de coleta e análise de dados quantitativos e qualitativos. Ela utiliza convenções construídas para aumentar a validade e confiabilidade dos instrumentos utilizados na coleta de dados, assim como analisa os dados por meio de protocolos que fazem a distinção entre análises simplesmente exploratórias, para descrição das observações, e também os testes de hipóteses que usam inferências para confirmar se as mudanças no padrão de dados são, de fato, reais (REISMAN e OLAZABAL, 2016).

As seguintes seções apresentam as principais abordagens encontradas na literatura estudada e que podem se encaixar na categoria de mensuração de impacto em profundidade.

7.1.3.1 Desenhos metodológicos

Essa abordagem para avaliação do impacto engloba um estudo mais detalhado com um grupo de controle para entender o que teria acontecido sem a intervenção do negócio social (JPMORGAN, 2015). A definição de avaliação de impacto do *Development Impact Evaluation* (DIME) do Banco Mundial apresenta esta perspectiva metodológica: "Avaliações de impacto comparam os *outcomes* de um programa contra um contrafactual que mostra o que teria acontecido com os beneficiários se o programa não tivesse existido" (WORLD BANK, 2006).

Esse tipo de avaliação, mais rigorosa, utiliza estudos com grupos de controle aleatórios (RCT em inglês - *Randomized Control Tests*), o que permite estabelecer uma relação causal probabilística entre uma intervenção e a mudança na realidade (BRANDÃO, CRUZ e ARIDA, 2015). Apesar de oferecer o maior grau de certeza de que um empreendimento está de fato gerando o impacto esperado, essa abordagem apresenta maiores custos e é mais difícil de ser implementada na prática. Assim, muitos investidores acabam por mensurar indicadores nas etapas de "atividades" ou "*outputs*" em sua cadeia de valor (JPMORGAN, 2015).

7.1.3.2 Estudos experimentais

Essa abordagem conta com a participação de universidades e centros de pesquisa para comprovar, por meio de estudos experimentais acadêmicos, quais ações causam impacto social positivo. Isso permite que investidores foquem em iniciativas que realizem essas ações em larga escala (BRANDÃO, CRUZ e ARIDA, 2015).

Nessa concepção, os empreendedores de negócios sociais podem buscar na literatura as teses que comprovam o impacto do seu negócio, sem a necessidade de realizar seus próprios estudos com o emprego de grupos de controle aleatórios. Entretanto, a viabilidade dessa proposta esbarra na falta de pesquisas acadêmicas sobre o assunto e no descompasso entre o tempo necessário para que estes estudos apresentem conclusões precisas e o dinamismo do setor de negócios sociais (BRANDÃO, CRUZ e ARIDA, 2015).

7.1.3.3 Insper Metricis

O Núcleo de Medição para Investimentos de Impacto Socioambiental, do Insper, oferece um ferramental prático para que empresas, fundos e governos avaliem o impacto socioambiental de seus projetos. Ele é baseado em dois principais pilares: utilização de indicadores relevantes para aferir as melhorias geradas pelo projeto e comparação com grupos de controle. Este último é importante para verificar a "adicionalidade" nos projetos sociais, ou seja, medir como o investimento ou operação da empresa afetou a população além do que teria acontecido naturalmente sem a intervenção (INSPER, 2020).

O conjunto de normas metodológicas propostas para a avaliação efetiva dos investimentos de impacto estabelece um plano detalhado de medição, composto pelas seguintes etapas (INSPER, 2020):

- Descrição do projeto e objetivos: descreve-se a intervenção a ser realizada, a missão e o objetivo da organização com o projeto;
- Delimitação da população-alvo: envolve a definição da população-alvo do projeto e das principais partes interessadas (*stakeholders*), incluindo a delimitação geográfica, características socioeconômicas, necessidades especiais, entre outros;
- *Benchmarking*: análise de casos de sucesso no setor de impacto delimitado de forma a estudar indicadores e práticas previamente utilizados em casos semelhantes e a quantificar o tamanho do efeito esperado para o projeto;
- Definição da Teoria da Mudança: apresentação da Teoria da Mudança do negócio a ser avaliado, descrevendo o mecanismo causal que irá determinar a mudança pretendida e auxiliar na construção do plano de medição;
- Definição das métricas: com base nas etapas anteriores, é possível estabelecer os indicadores a serem medidos. É recomendado utilizar indicadores que sejam relevantes em termos de geração de impacto, estejam sob controle dos executores, possam ser medidos e verificados com precisão e tenham baixo custo de medição;

- Definição do método de verificação de adicionalidade e do nível de medição: envolve a definição dos beneficiários do projeto (grupos tratados) e dos indivíduos e grupos semelhantes aos tratados, mas que não participam da intervenção (grupos de controle). Também é definido com precisão como será realizado o cálculo dos indicadores definidos;
- Plano amostral: definição do tamanho amostral para garantir significância estatística;
- Execução da medição: envolve a definição de quem irá executar a mensuração do impacto, evidenciando qual o indicador, seu orçamento e o contato principal;
- Definição do cronograma de medição: a verificação do impacto necessita de um tempo razoável após a intervenção. Assim, é importante alinhar expectativas entre investidor e executor do projeto, assim como definir um cronograma de medição.

7.1.3.4 Social Return on Investment (SROI)

O SROI é um modelo de mensuração e contabilização de valor em um conceito mais amplo, além do financeiro. Desenvolvido pela *Social Value UK*, o SROI aplica alguns princípios para contabilizar o valor social de um empreendimento, utilizando *proxies* para conversão de resultados das atividades em dados financeiros, o que possibilita mensurar o impacto social de um negócio.

Ao contrário do GIIRS, o SROI exige profissionais especializados da área financeira para realizar os cálculos precisos para a organização (BRANDÃO, CRUZ e ARIDA, 2015). Esse modelo será detalhado e aprofundado Capítulo 8, junto com um estudo de caso que o exemplificará de maneira mais clara.

7.1.4 MONITORAMENTO DE DESEMPENHO

O monitoramento de desempenho se refere à coleta periódica de dados para cálculo de indicadores-chave a fim de avaliar o desempenho socioambiental da empresa. Essa descrição enquadra diversos tipos de dados, como métricas financeiras, dados de atividades e resultados operacionais da organização. Assim, o monitoramento é utilizado para acompanhar a evolução dos indicadores-chave e o alcance de metas, comparando resultados com os objetivos propostos. De maneira geral, os dados utilizados tendem a ser quantitativos para permitir a análise comparativa ao longo do tempo, mas podem ser também complementados com dados qualitativos (REISMAN e OLAZABAL, 2016).

Essa abordagem de avaliação de impacto é ampla e não indica nenhuma metodologia específica – ao contrário da categoria de mensuração de impacto em profundidade. Entretanto, seu diferencial está no fato de que o próprio sistema de monitoramento do desempenho é orientado a dados, enfatizando o papel estratégico do uso de indicadores no gerenciamento de investimentos e no ciclo de aprendizagem da organização. Além do uso de padrões e certificações, o monitoramento de desempenho é a abordagem mais comum adotada no setor de investimentos de impacto. Muitas vezes, são utilizados dados padronizados no Sistema de Monitoramento de

Desempenho (SMD) – a exemplo do IRIS –, embora seja possível também desenvolver métricas específicas mais diretamente ligadas à teoria de mudança do negócio em questão (REISMAN e OLAZABAL, 2016).

7.1.5 SÍNTESE DAS ABORDAGENS E FERRAMENTAS DE AVALIAÇÃO DE IMPACTO

"A capacidade de demonstrar os impactos gerados é um fator fundamental para o fortalecimento do campo dos negócios sociais" (BRANDÃO, CRUZ e ARIDA, 2015). De fato, muitas das ferramentas e abordagens analisadas são fruto da crescente quantidade de inovações que têm ocorrido na última década no campo de negócios sociais e investimentos de impacto, o que mostra o amadurecimento deste mercado.

De maneira geral, a gama de opções de medição disponíveis atualmente permite que os investidores e empresas escolham abordagens apropriadas que permitam o melhor uso dos dados para avaliação do impacto gerado, a depender do setor de atuação e do estágio de desenvolvimento do negócio (REISMAN e OLAZABAL, 2016).

Ainda assim, vemos que por mais que investidores de impacto tenham o compromisso de fortalecer a evidência de seus retornos sociais, o amadurecimento do mercado deve exigir cada vez mais o aprimoramento das ferramentas atuais e o desenvolvimento de novas abordagens que possam de fato demonstrar o impacto gerado e aumentar a confiança entre potenciais investidores (REISMAN e OLAZABAL, 2016).

Fica também cada vez mais clara a necessidade de buscar um equilíbrio entre ferramentas padronizadas e abordagens personalizadas para cada tipo de organização, para que elas possam ser utilizadas entre países e regiões, ao mesmo tempo que são relevantes no contexto local do negócio (ANDE, 2016).

No Brasil, em especial, diversos desafios ainda devem ser enfrentados para o desenvolvimento desse setor: o fato de empreendedores individuais em geral não terem teorias de mudança bem definidas, o que dificulta a delimitação do que é o impacto gerado por suas atividades; pouca bibliografia, *cases* e estudos acadêmicos (estudos experimentais) que demonstrem as possibilidades de mudanças a partir de determinadas variáveis, que serviriam como base para definição de negócios que são efetivamente capazes de gerar impacto; por fim, a dificuldade de mensurar impactos indiretos e externalidades, assim como a inviabilidade de fazer estudos com grupos de controle para mensurar de fato o impacto gerado pela intervenção da empresa em determinados setores (DELOITTE, 2015).

7.2 PROPOSTA DE MODELO DE AVALIAÇÃO DE IMPACTO

Esta seção apresenta o modelo proposto de avaliação de impacto socioambiental de empresas sociais no portfólio de fundos de investimento de impacto no Brasil, por meio da consolidação das análises e informações coletadas nos capítulos anteriores.

O modelo proposto representa, de maneira simplificada, como as gestoras de fundos de investimento de impacto definem e avaliam o impacto gerado por empresas em seu portfólio, por meio de um processo dinâmico e iterativo que se inicia antes mesmo da realização do aporte de capital. Sua principal finalidade é informar aos demais investidores de impacto e empreendedores sociais sobre as principais práticas de mercado, abordagens e ferramentas utilizadas no que tange à avaliação de impacto.

Assim, o modelo foi estruturado de forma a apresentar dimensões-chave de avaliação de impacto em cada etapa priorizada do ciclo de investimentos: mapeamento de oportunidades, seleção e validação e, por fim, monitoramento.

Figura 7.3 – Modelo proposto de avaliação de impacto.

Fonte: Elaborado pelo autor.

A figura citada apresenta as dez dimensões-chave do modelo proposto, que serão detalhadas a seguir com o objetivo de esclarecer o papel de cada uma delas no processo de avaliação de impacto nas etapas priorizadas do ciclo de investimento.

7.2.1 TESE DE INVESTIMENTO

Ao mapear oportunidades de investimento no mercado, o fundo deve ter uma tese de investimento bem definida que delimite qual tipo de impacto os investidores buscam gerar, de forma a guiar sua alocação de capital. Essa delimitação pode ser feita de algumas maneiras:

- Foco geográfico: as gestoras podem decidir atuar em regiões geográficas específicas, como apenas no Nordeste brasileiro ou na Amazônia Legal. No caso de fundos internacionais, também podem ser delimitados os países de atuação do fundo;
- Foco por setor da economia: algumas indústrias ou setores podem ser de foco especial dos investidores, como educação, saúde, entre outras. Assim, as gestoras dos fundos também podem especificar sua atuação em determinados setores que julguem terem maior potencial de impacto ou melhor capacidade técnica de atuação;
- Foco por tipo de problema socioambiental: este tipo de segmentação remete diretamente a qual tipo de impacto os investidores desejam gerar, como resolver problemas relacionados à fome, prevenção de doenças, inclusão financeira etc.

É importante destacar que uma tese de investimento pode englobar uma ou mais dessas segmentações, permitindo diferentes níveis de especificidade na atuação dos investidores. Segundo estudo do JPMorgan (2015), alguns investidores possuem teses de investimento amplas de forma a serem mais oportunistas no seu processo de mapeamento de oportunidades de investimento, enquanto outros possuem teses bem específicas para restringir seu escopo de atuação e filtrar mais facilmente as oportunidades no mercado. Entretanto, com o amadurecimento do mercado de investimentos de impacto, a tendência é que as teses de investimento deixem de ser generalistas para ganhar mais especificidade, combinando as segmentações apresentadas anteriormente.

Cabe ainda salientar que é justamente esse amadurecimento do mercado, com a incorporação de novas práticas e aprendizados empíricos ao longo do ciclo de investimento, que permite aos investidores definir novas teses de investimento mais alinhadas ao seu propósito. Essa questão se reflete no formato circular do modelo proposto, reafirmando o caráter dinâmico e iterativo da avaliação de impacto – composta por abordagens e ferramentas vivas que são refinadas ao longo do tempo, permitindo o alcance de novos patamares de desenvolvimento do setor.

7.2.2 DIRECIONADOR DE IMPACTO

A definição da tese de investimento do fundo serve como um dos pontos para a construção de seu posicionamento estratégico, que deve ser usado como um primeiro direcionador de como o impacto será avaliado. Assim, ao definir, por exemplo, que o setor de atuação do fundo será o de preservação de florestas, um dos indicadores-chave de avaliação do impacto será a área total protegida pelas investidas do fundo. De forma análoga, a atuação no setor de energia renovável implica na avaliação de como as empresas do portfólio do fundo contribuem diretamente na mudança da matriz energética da região.

Assim, no que tange à avaliação de impacto, o melhor uso da tese de investimento e do posicionamento estratégico do fundo está na sua integração com *outputs* específicos dos possíveis investimentos. Isso requer a definição desses direcionadores de impacto ainda na fase de mapeamento de oportunidades, permitindo que as gestoras possam gerenciar todo ou parte de seu portfólio em torno de uma meta de impacto contra a qual potenciais investimentos possam ser avaliados.

7.2.3 CONTEXTO ORGANIZACIONAL

Uma vez identificada uma oportunidade de investimento, inicia-se a fase de seleção e validação do modelo de negócio, na qual o primeiro passo é analisar o contexto organizacional da empresa – tanto externo (econômico, político) como interno (compromisso da liderança) –, de forma a garantir uma abordagem sistêmica de avaliação.

No âmbito externo, o estudo do estado econômico e político da região em que o negócio atua é importante não só por causa da necessidade de validar a sustentabilidade das operações da empresa no longo prazo, mas também para avaliar o potencial de melhoria (geração de impacto) que a empresa pode trazer para a região. Além disso, considerar o contexto empresarial mais amplo da região ajuda a mapear as interações da empresa com atores relevantes do ecossistema em que atua.

Já no âmbito interno, o compromisso da liderança da empresa com sua missão social é central para definição de seu posicionamento como negócio social, que é muitas vezes construído junto com os investidores de impacto. Em geral, a dinâmica de mobilização das pessoas nos negócios sociais é diferente das empresas tradicionais, uma vez que os empreendedores e suas equipes são principalmente motivados pela transformação socioambiental e colocam um valor considerável na compensação não monetária de seu trabalho.

7.2.4 TEORIA DA MUDANÇA

A Teoria da Mudança deve ser utilizada como abordagem estratégica para definição e avaliação do impacto gerado. Essa abordagem permite identificar quais as mudanças pretendidas e como a empresa contribui para que elas ocorram de fato, estabelecendo uma primeira visão da cadeia causal entre as atividades realizadas e o impacto gerado.

A construção da Teoria da Mudança deve ser feita de forma colaborativa com os principais *stakeholders* do negócio para que ela possa refletir diversos pontos de vista sobre o ecossistema em que a empresa atua. Ela deve conter os seguintes elementos:

- *Inputs*: engloba todos os recursos necessários para operação da empresa;
- Mapeamento de atividades: refere-se à identificação de todas as ações concretas que a empresa realiza;

- *Outputs*: engloba os resultados diretos das atividades da empresa, em geral mais fáceis de serem medidos;
- *Outcomes*: envolve as mudanças esperadas no público-alvo do negócio, atreladas aos objetivos da empresa;
- Impacto: refere-se às mudanças estruturais geradas no ecossistema de atuação da empresa, em geral dependente também de outras dinâmicas do mercado.

É importante também que na Teoria da Mudança sejam incluídos outros atores relevantes do mercado em que a empresa atua e qual o papel deles para alcance do impacto almejado. São elas: as organizações não governamentais, universidades, agências governamentais, entre outros, que podem contribuir ou não para as mudanças pretendidas pela empresa.

Por fim, cabe também analisar quais atividades a empresa pode realizar em uma abordagem sistêmica para influenciar o desenvolvimento do mercado em que atua e potencializar o impacto gerado, como contribuição para o desenvolvimento de políticas públicas, apoio a parceiros-chave, entre outros. Além disso, é preciso considerar o grau de maturidade do modelo de negócio da empresa ao longo do tempo e como seu desenvolvimento pode alterar as relações mapeadas até então – reforçando a necessidade de revisar a Teoria da Mudança periodicamente.

7.2.5 VALIDAÇÃO DE CAMPO

Um importante elemento nessa etapa é a validação de algumas das premissas definidas até então com os clientes finais da empresa. Trata-se de incluir a voz do beneficiário final por meio de entrevistas e visitas a campo para verificar como as atividades e *outputs* da empresa afetam o seu dia a dia.

Essa também é uma oportunidade para testar a solução da empresa sendo analisada e levantar oportunidades de melhoria em sua proposta de valor e modelo de negócio, de forma a potencializar a cadeia de valor mapeada em sua Teoria da Mudança. Assim, é possível definir qual nível de avaliação de impacto condiz com o estágio atual da empresa, buscando desenvolver competências organizacionais que permitam a adoção de técnicas de mensuração de impacto em profundidade nos estágios em que a empresa esteja mais madura.

7.2.6 DEFINIÇÃO DE INDICADORES

Uma vez que a Teoria da Mudança esteja definida e suas principais premissas validadas, é possível utilizar o mapeamento realizado para definir e priorizar um conjunto de indicadores-chave para avaliação do impacto gerado, baseado na compreensão de que uma cadeia de resultados interconectada pode, em última instância, gerar o impacto socioambiental sobre os grupos beneficiários pretendidos.

Existem diversos princípios a serem adotados na definição de indicadores. Alguns deles, considerados mais importantes dentro deste modelo, foram listados a seguir:

- Devem ser abrangentes o suficiente para representar os principais resultados da empresa;
- São relevantes em termos de impacto gerado, representando os principais objetivos da empresa;
- Podem ser medidos e verificados com precisão e baixo custo de medição;
- São documentados de forma clara acerca de definição do indicador, métodos de coleta e análise de dados, e forma de apresentação dos dados analisados.

Esse conjunto de indicadores devem representar os principais *outputs* da empresa e serem passíveis de serem monitorados periodicamente após o aporte de capital. Deve-se avaliar também a possibilidade de avaliar *outcomes* por meio de indicadores ou de estudos mais detalhados, dependendo do grau de maturidade da empresa.

7.2.7 MONITORAMENTO PERIÓDICO

Uma vez que a empresa entra para o portfólio do fundo, uma série de medidas podem ser tomadas para avaliar o impacto gerado. A primeira delas é o monitoramento periódico dos indicadores definidos, permitindo acompanhar sua evolução ao longo do tempo. Isso é importante para avaliar o alcance de metas e propor planos de ação de maneira adequada para endereçar possíveis desvios.

Outro aspecto que deve ser considerado é a necessidade de alinhar junto aos empreendedores ou time executivo das investidas acerca da importância de manter esse acompanhamento de indicadores de impacto. Os dados colhidos sobre o funcionamento do negócio permitem maior aprendizado sobre a operação e são úteis para decisões estratégicas, adicionando valor ao negócio além do simples acompanhamento formal dos investidores.

7.2.8 INTEGRAÇÃO COM ODS

Outro elemento importante na fase de monitoramento está na forma de comunicação dos resultados e atividades realizadas para avaliação de impacto. De fato, ainda existe pouco alinhamento no setor de investimentos de impacto com iniciativas do contexto empresarial mais amplo. Assim, a integração dos indicadores mensurados pelos fundos com os ODS da ONU ressalta a importância de comunicar os resultados de maneira efetiva, servindo como estratégia comercial junto a *stakeholders* para divulgar e legitimar os indicadores sendo medidos com base na agenda global de desenvolvimento sustentável.

É fundamental ressaltar que essa integração deve ser feita não só a nível dos 17 ODS existentes, mas também entre as 169 metas específicas desenvolvidas pela ONU dentro dos ODS para especificar de fato quais problemas precisam ser endereçados globalmente.

Por fim, apesar dos ODS serem a principal proposta global de desenvolvimento sustentável, é possível alinhar a forma de avaliação e comunicação de impacto com diversas outras iniciativas atuais que façam sentido para o fundo, a exemplo do GRI, PRI, entre outras.

7.2.9 ESTUDO DE CASO

Ainda na linha de comunicação dos resultados, um elemento importante a considerar é como tornar mais tangível o impacto qualitativo – fatores como bem-estar e felicidade podem ser resultados do negócio, mas são fundamentalmente difíceis de serem quantificados e mensurados. Nesse contexto, a elaboração de estudos de caso por meio de entrevistas de campo com clientes finais, relatando mudanças significativas de vida, ajudam na comunicação do impacto qualitativo e ilustra a entrega da proposta de valor do negócio.

Esses estudos de casos podem ser comunicados de diversas formas, como documentários, vídeos com depoimentos ou seções dentro de relatórios de divulgação de resultados de impacto do fundo. Essa é mais uma maneira de incluir a voz do beneficiário final na comunicação dos resultados de impacto, o que no fim das contas, é o que mostra a efetividade do trabalho.

Além disso, cabe destacar a importância da divulgação de relatórios de impacto dos fundos com as principais práticas utilizadas e resultados alcançados, como forma de acumular experiências e aprendizados na forma de avaliação de impacto socioambiental de um número significativo de projetos em setores diversos.

7.2.10 CERTIFICAÇÕES

As certificações são importantes ferramentas para facilitar o reconhecimento do impacto gerado pelos negócios sociais. Apesar do amplo desenvolvimento dessas organizações recentemente, ainda existe espaço para aumentar a aceitação de um conjunto de padrões para divulgação de resultados sociais e ambientais que auxiliem investidores a comparar diferentes negócios sociais ou portfólios de investimentos. Nesse contexto, é crucial incorporar esse tipo de avaliação no portfólio dos fundos de forma a estimular o uso de avaliações independentes para validar o impacto das empresas.

As certificações desenvolvidas pelo *B Lab*, tanto a nível de empresa como a nível do fundo, estão ganhando cada vez mais espaço no setor de investimentos de impacto. O sistema B (destinado a empresas) e o GIIRS (destinado a fundos e empresas) têm se mostrado como certificações sólidas no campo e sido reconhecidos por diversos investidores. Inclusive, alguns fundos, como a Vox Capital, atrelam sua taxa de performance ao resultado da avaliação do GIIRS.

CAPÍTULO 8

SROI (*Social Return on Investment*) – valorar financeiramente os impactos de um projeto de investimento

8.1 INTRODUÇÃO

Diante da recente expansão do campo dos negócios sociais e dos investimentos de impacto em todo o mundo e sobretudo no Brasil, cresce também a demanda por ferramentas e metodologias voltadas a mensurar os impactos sociais e ambientais associados a projetos de investimento. Em função disso, inúmeras são as metodologias e ferramentas desenvolvidas nos últimos anos com essa finalidade, cada qual com sua abordagem e enfoque temático.

Ferramentas como a Teoria da Mudança, as plataformas IRIS/GIIRS e a certificação de negócios junto ao Sistema *B-Corporation* têm sido adotadas por diferentes atores do mercado para verificar e medir a efetividade do impacto gerado por seus projetos e demonstrar a investidores os retornos socioambientais de suas aplicações.

Se por um lado cada uma dessas ferramentas contribui para a evidenciação do impacto gerado, bem como para a padronização das metodologias e métricas ao alcance dos gestores, por outro, elas falham pela vulnerabilidade aos vícios da subjetividade, da imprecisão pessoal e da narrativa a ser adotada - e construída - pelos atores envolvidos. A Teoria da Mudança, por exemplo, consiste em uma ferramenta ilustrativa que, ao percorrer a cadeia de valor do modelo de negócio, mapeando os *stakeholders*, as atividades, os *outputs* e *outcomes*, busca evidenciar os impactos gerados pelo projeto analisado. A ferramenta, no entanto, prescinde de uma abordagem quantitativa, sucumbindo-se ao grau de criatividade do analista e aos adereços de impacto socioambiental que ele se dispuser a acrescentar ao seu modelo. Não muito diferente, as ferramentas IRIS/GIIRS e a plataforma *B-Corp*, apesar de já possuírem uma abordagem quantitativa na descrição do impacto, por meio do levantamento de indicadores numéricos, podem falhar na atribuição dos pesos a cada um deles, na medida em que ignoram a realidade do negócio avaliado e as reais necessidades de seus beneficiários. O impacto social gerado por uma empresa localizada no meio da Floresta Amazônica, por exemplo, não pode ser mensurado da mesma maneira que em uma outra empresa localizada em uma grande metrópole, dado que esta última não se defronta com desafios associados ao isolamento geográfico, à indisponibilidade de mão de obra qualificada e às restrições de cunho ambiental impostas pela floresta. E, até o momento, essas métricas ignoram tais especificidades presentes em projetos susceptíveis a comparação. Outra limitação das ferramentas de campo citadas, como o IRIS/GIIRS, é o fato de elas se aterem aos *outputs* do projeto, ou seja, aos seus resultados imediatos, quando, na maioria das vezes, os verdadeiros impactos esperados de projetos de cunho social e ambiental ocorrem a médio e longo prazos.

Se por um lado essa profusão de ferramentas fornece a negócios sociais e de ESG uma variedade de códigos para comunicar o impacto de seus respectivos projetos, por outro, tende a desorientar os gestores do mercado de capitais, até então habituados às métricas tradicionais de análise de investimento.

O Retorno Social sobre o Investimento (SROI), por outro lado, ao comunicar os impactos positivos e negativos de projetos de investimento, lançando mão de códigos e métricas do próprio mercado financeiro, diferencia-se das demais ferramentas, unindo em investidores e negócios em uma só linguagem.

8.2 AFINAL, O QUE É *SOCIAL RETURN ON INVESTMENT* (SROI)

O SROI é uma ferramenta para avaliação de projetos de impacto social concebida no final dos anos 2000, a partir de um consórcio formado pelo Governo do Reino Unido e a *Social Value International*. Ela consiste na atribuição de valor financeiro ao impacto social e/ou ambiental gerados por determinado negócio, iniciativa ou projeto. Esses impactos, que podem ser de natureza positiva ou negativa são valorados por meio de proxies financeiras cujo conceito aprofundaremos mais adiante. De maneira geral, ao valorar os impactos gerados ao longo do tempo, descontá-los por uma dada taxa de correção e compará-los com o valor do investimento realizado, o SROI permite ao mercado mensurar e comunicar o chamado retorno social sobre o investimento de um projeto.

Assim, a metodologia do SROI compreende quatro fases-macro: a definição do escopo de análise, a identificação dos indicadores a serem avaliados, a atribuição de valor a esses indicadores, e o cálculo do SROI (SROI *Network*, 2013).

A execução dessas fases, por sua vez, deve ser orientada por sete princípios básicos, propostos pela *Social Value*, de modo a se realizarem cálculos precisos, bem fundamentados e confiáveis (SROI *Network*, 2013):

- Envolvimento dos *stakeholders*;
- Integral compreensão das mudanças, de modo a conhecer e articular os valores, objetivos

e *stakeholders* do negócio para a definição do que deve ser considerado no SROI;

- Valorar o que importa, permitindo que as proxies financeiras empregadas para valoração dos indicadores cheguem aos mesmos termos utilizados pelo mercado;
- Materialidade, dispondo de plena concepção de como cada uma das atividades do negócio e suas respectivas mudanças, que por sua vez, devem ser avaliadas por meio de evidências recolhidas;
- Não sobreposição de resultados. Atenção para que os resultados não sejam contabilizados em duplicidade ou que sejam contabilizados resultados não decorrentes das atividades do escopo de análise;
- Transparência, demonstrando as bases que tornam as informações produzidas precisas e confiáveis;
- Verificabilidade, permitindo a verificação por terceiros do emprego da metodologia.

Diferentemente das demais ferramentas de avaliação de impacto anteriormente mencionadas, o SROI possui o diferencial de trazer a termos financeiros, amplamente utilizados no mercado, o valor do impacto gerado por determinado negócio ou projeto. O retorno social sobre o investimento, além do seu caráter quantitativo e financeiro, também permite a comparação entre negócios de setores completamente distintos.

O SROI pode ser empregado por uma vasta gama de organizações, dos mais diversos setores e que estejam interessadas em identificar, compreender, valorar e comunicar os impactos, positivos ou negativos, gerados por suas atividades primárias. Nesse sentido, é um equívoco restringir a aplicação da ferramenta ao universo da filantropia ou ao terceiro setor, na medida em que empresas privadas também podem fazer uso dela para identificar e avaliar riscos e oportunidades associados a seus produtos ou serviços (SROI *Network*, 2013). Do mesmo modo, investidores podem recorrer ao SROI como critério de seleção para seus investimentos; podendo também ser bastante útil para que empreendedores extraiam e comuniquem o valor social gerado por seu negócio. Com um mercado consumidor cada vez mais consciente e progressivamente disposto a premiar produtos que gerem menor impacto socioambiental negativo, a comunicação das externalidades positivas geradas por essas cadeias de valor pode se configurar como uma importante fonte de valor e de incremento de rentabilidade das empresas a nível global.

Já no setor público, a necessidade constante de desenvolvimento de iniciativas e projetos que maximizem a geração de valor social, muitas vezes em conjunturas de escassez de recursos financeiros, a adoção de ferramentas como o SROI pode ser de grande valia, seja para processos licitatórios ou quando haja a necessidade de priorização de investimentos.

No entanto, apesar de oferecer uma avaliação estruturada do impacto gerado por determinada empresa, projeto ou unidade de negócio e de trazer a termos financeiros já bastante utilizados no mercado o grau de eficiência na geração de impacto de determinado investimento, o SROI ainda é muito pouco utilizado no Brasil. Até o final de 2020, apenas três análises SROI desenvolvidas no Brasil haviam sido certificadas pela *Social Value International*, organização global focada em análise e certificação de modelos para avaliação de impactos socioambientais. Número extremamente baixo, se levarmos em conta que o banco de dados da *Social Value International* já conta com 846 análises SROI realizadas, entre 2000 e 2020, em todo o mundo e certificadas pela instituição (Social Value UK, 2021).

A baixa adesão de investidores e empreendedores brasileiros ao uso dessa ferramenta se justifica por duas causas principais. A primeira razão está associada ao fato de o SROI ser relativamente recente e ainda concentrado nas economias centrais, mais habituadas a trabalharem e medirem o valor social em projetos. Em segundo lugar, a identificação das proxies para valoração financeiras dos impactos gerados pode atingir um grau de complexidade no levantamento de informações significativamente elevado. Como veremos mais adiante, as informações a serem levantadas, bem como as proxies para valoração dos indicadores de impacto dependerão não apenas do setor econômico das atividades avaliadas, mas também do país ou região nos quais o negócio se insere.

Por fim, a profissionalização do mercado de investimento de impacto brasileiro, como visto anteriormente, passa, necessariamente, pelo emprego mais sistemático de ferramentas como o SROI, já bastante utilizado ao redor do mundo. Dispor de um maior domínio e compreensão dessa ferramenta pode significar a empreendedores e investidores brasileiros não apenas a capacidade de avaliar de maneira mais estruturada e transparente seus negócios e investimentos, mas também trazer a termos financeiros o impacto socioambiental por eles gerado, facilitando, inclusive, a gestão de riscos, a identificação de novas fontes de valor e a prospecção de investimentos no estrangeiro.

8.3 METODOLOGIA: COMO APLICAR O SROI NA ANÁLISE FINANCEIRA DE UM PROJETO

Ao longo de todo este capítulo, adotamos como referência teórica para aplicação do SROI o documento "*Guide to Social Return on Investment*" (Guia para o Retorno Social sobre o Investimento), o guia mais referendado e utilizado para o emprego dessa ferramenta no mercado de investimento de impacto em todo o mundo. O documento, que se encontra na sua segunda edição, derradeiramente atualizada em 2012, foi pela primeira vez escrito em 2009, num consórcio entre o governo do Reino Unido e a *Social Value International*. Desde então a metodologia tem sido atualizada e recebido adendos por meio de anexos publicados pelo órgão a cada ano.

8.4 A ETAPAS DE APLICAÇÃO DO SROI

8.4.1 DEFINIR ESCOPO DA ANÁLISE E RELAÇÃO COM *STAKEHOLDERS*

Primeiramente, é de extrema importância para a aplicação do SROI definir o escopo da análise a ser feita. Ou seja, definir os limites do projeto, o que será determinante para a identificação de seus *inputs, outputs* e *stakeholders*. Os *inputs* do projeto dizem respeito a todos os recursos necessários para sua execução: equipamentos, recursos humanos, espaço físico, parcerias etc. Uma vez definidos e valorados, esses *inputs* representarão o montante de investimento requerido pelo projeto. Já os *outputs*, na abordagem do SROI, correspondem a resultados sociais e ambientais gerados como consequência imediata do projeto investido, a exemplo, o número de empregos gerados, número de consultas médicas realizadas, área florestal desmatada ou preservada, entre outros. A médio e longo prazos, esses resultados, por sua vez, derivarão em *outcomes*, que representarão os impactos sociais e ambientais a serem valorados pelo SROI.

Os *stakeholders* são todos os indivíduos, entidades ou organizações que, de alguma maneira, afetam ou são afetados pelas atividades, resultados e *outcomes* do projeto. (Cleland, 1988). Numa abordagem SROI, os *stakeholders* poderão sofrer diretamente os impactos a serem mensurados pela ferramenta e, por esse motivo, devem ser consultados a respeito da natureza e da intensidade desses resultados. Ao se identificarem os *stakeholders* do projeto, a análise SROI deverá também definir ferramentas para coleta de informações e impressões junto a cada um deles (SROI *Network*, 2013).

Outro benefício que se observa frente a outras ferramentas de métricas de impacto é o envolvimento dos *stakeholders* do projeto analisado. Esse envolvimento deve se dar ao longo de todo o processo de análise, mas, sobretudo no momento de levantamento de dados e impressões e ao final da valoração, quando os *stakeholders* deverão ratificar ou não as conclusões obtidas. Essa participação contribui para que a análise não se enviese segundo os interesses ou falsas impressões do analista, atribuindo a ela maior credibilidade e legitimidade frente aos *stakeholders* e a possíveis entes externos ao projeto, como investidores de impacto, por exemplo.

Por fim, o escopo da abordagem compreende os limites do objeto de estudo, ou seja, o que deve ou não deve ser considerado ao longo da análise. De modo mais concreto, no exemplo da valoração dos impactos das atividades de uma empresa, o escopo da análise pode abranger desde um eventual projeto de expansão de uma planta industrial, até a abordagem de toda a cadeia produtiva da companhia. A definição do escopo da análise SROI vai depender, basicamente, de dois elementos: o propósito do estudo e do público ao qual ele se endereça. Se a análise se destina a convencer potenciais investidores dos benefícios de se investir em um projeto específico de investimento ou de expansão da empresa, por exemplo, este deve ser o escopo da análise, e não as atividades do negócio como um todo.

8.4.2 MAPEAR OS RESULTADOS

Uma vez feita a interação com os *stakeholders* e a coleta das informações associadas a cada um deles, convém construir um "Mapa de Impacto" da atividade analisada, que permitirá uma melhor compreensão e visualização dos impactos (*outputs*) gerados pelo projeto, diante dos recursos (*inputs*) por ele requeridos. Para a construção do mapa de impacto, o *Social Value International* recomenda que seja utilizada a ferramenta "Teoria da Mudança", aplicada ao modelo de negócio ou ao projeto analisado.

Como descrito neste livro, a Teoria da Mudança é um fluxograma ilustrativo do funcionamento de determinado negócio ou projeto. Ele permite ter uma visão global das operações, dos *inputs* e dos *outputs* das atividades em análise, ilustrando também as mudanças decorrentes das atividades e como são afetados os mais diversos *stakeholders* a ela vinculados. A ferramenta apoiará a identificação das entradas (*inputs*) (i); a valoração das entradas (ii); a identificação das saídas (*outputs*) (iii); e a descrição dos resultados (*outcomes*) (iv).

A entradas (*inputs*) referem-se a todos os recursos demandados para a concretização e operação do projeto analisado. É fundamental notar que esses recursos podem ser oriundos de múltiplos *stakeholders*, inclusive dos beneficiários imediatos do projeto. Valorados e consolidados, a soma dos *inputs* representará o investimento requerido pelo projeto, a partir do escopo previamente definido. Vale salientar também que essas entradas poderão se configurar como aportes de recursos financeiros, equipamentos, doações e, até mesmo, de tempo de trabalho dedicado por algum stakeholder à viabilização da atividade estudada. Independente da natureza das entradas, todas elas deverão ser valoradas financeiramente na Teoria da Mudança.

As saídas (*outputs*) são as consequências imediatas das operações e atividades que compõem o projeto analisado. São elementos concretos e facilmente quantificáveis, como número de estudantes matriculados, número de consultadas realizadas, área de cobertura vegetal conservada, área reflorestada, por exemplo. Essas saídas vão embasar a geração dos resultados (*outcomes*), ou seja, as mudanças provocadas pelo projeto para a coletividade social ou para o meio ambiente e que deverão ser valorados pelas proxies financeiras no modelo SROI. Já os resultados estão diretamente relacionados aos impactos sociais e ambientais que, por sua vez, decorrem das saídas anteriormente identificadas. Na Teoria da Mudança, os resultados (*outcomes*) devem ser confirmados, senão identificados, pelos próprios *stakeholders* afetados.

Finalmente, o Mapa de Impacto produto da aplicação da Teoria da Mudança irá não apenas demonstrar o racional de geração de impacto do projeto como também irá estruturar o modelo econômico-financeiro de valoração dos *outcomes*. Cada um dos resultados (*outcomes*), portanto, está vinculado a pelo menos um *stakeholder* beneficiário, a uma atividade do projeto e a uma saída (output) anteriormente identificada junto aos *stakeholders* consultados.

8.4.3 ATRIBUIR VALOR AOS RESULTADOS

A valoração dos resultados (*outcomes*) identificados passa, necessariamente, pelo levantamento de indicadores capazes de traduzir se tais resultados de fato ocorreram, quando e em que medida ocorreram (SROI *Network*, 2013). Se um modelo de negócio tem como *outcome* o aumento da acessibilidade de determinada população a serviços médicos mais baratos, dois indicadores plausíveis para o estabelecimento desses resultados podem ser o número de consultas realizadas em determinado período ou a diferença de preço entre uma consulta na rede privada tradicional e o mesmo serviço prestado no negócio analisado.

Além disso, a valoração financeira do impacto gerado se dará sobre o indicador, e não sobre o resultado pretendido que, muitas vezes, não será passível de quantificação. Ou seja, os indicadores deverão, portanto, ser mensuráveis e estar assentados em informações concretas e possíveis de serem levantadas.

Uma vez definidos os indicadores, cabe levantar dados e informações a fim de quantificá-los. Para tanto, o analista pode utilizar como fonte de informações tanto os próprios *stakeholders* que já tenham profundo domínio sobre o projeto, quanto a bibliografia especializada.

Outro ponto importante para o estabelecimento do impacto gerado é a definição da duração do resultado social e ambiental do projeto analisado. Essa informação será fundamental para a construção do fluxo de caixa de impactos valorados e no cálculo do SROI. Alguns resultados sociais podem ser pontuais, ou se restringirem ao período de implantação do projeto, como, por exemplo, a geração de empregos decorrente da necessidade de contratação de trabalhadores para construção de determinada obra. Outros resultados sociais, entretanto, podem superar a duração do próprio projeto, sendo observado ao longo de vários anos. Em ambos os casos, o valor financeiro dos resultados observados deverá ser lançado no fluxo de caixa e descontado para o cálculo do SROI (SROI *Network*, 2013).

Por fim, a atribuição de valor aos resultados, via valoração dos indicadores, se dará por meio de proxies financeiras, ou seja, aproximações voltadas a traduzir em termos de uma só linguagem – a linguagem financeira – o valor de determinada mudança para os mais diversos *stakeholders* considerados no escopo da análise. Algumas proxies podem ter natureza mais objetiva e direta, sobretudo aquelas estruturadas em economias de custos ou aumento de renda para o Estado ou para determinada população. São proxies que se apoiam em resultados com valor financeiro já conhecido e bem precificado pelo mercado. Retomando o exemplo citado, um projeto que implique maior acesso a serviços de saúde pode ter parte de seus resultados valorados a partir de proxies associadas ao preço de uma consulta médica no mercado ou à economia de gastos com saúde pelo Estado.

Em outros casos, a subjetividade acerca do valor gerado e o fato de tal valor não ser habitualmente transacionado no mercado podem exigir o uso de proxies mais complexas e rebuscadas (SROI *Network*, 2013).

8.4.4 ESTABELECER OS IMPACTOS

A fim de ratificar os resultados gerados pelo projeto e de bem precisar e refinar o impacto por eles gerados, o *Guide to Social Return on Investment* prevê pelo menos duas ferramentas voltadas a definir em que medida esses resultados se deram e em que proporção eles podem ser atribuídos ao projeto analisado.

A primeira ferramenta é o cálculo do contrafactual, que corresponde à porcentagem do resultado que teria ocorrido mesmo sem a existência do projeto. Ou seja, se o contrafactual de determinado resultado social ou ambiental está no nível de 30%, significa que o projeto em questão é responsável por apenas 70% daquela mudança observada. O cálculo do contrafactual se faz necessário sobretudo quando são tratados indicadores sociais, como crescimento econômico em determinada região ou o avanço de níveis de escolaridade da população, por exemplo. Um projeto que tenha contribuído para o desenvolvimento e crescimento econômico de determinada região, nesse caso, deve levar em conta o crescimento natural da economia nacional, que teria ocorrido mesmo sem a sua existência. Uma maneira de se definir o contrafactual de um projeto é o uso de grupamentos comparativos, *benchmarks* ou grupos de controle (SROI *Network*, 2013).

Além do contrafactual, o SROI também prevê o cálculo do *drop-off*, porcentagem que corresponde à perda da importância do projeto ao longo dos anos e à tendência de determinado resultado passar a ser influenciado por outros fatores externos ao projeto a médio e longo prazos. Enquanto o contrafactual é aplicado de modo fixo sobre cada uma das parcelas ao longo do tempo, a aplicação do *drop-off* é feita de modo cumulativo, a taxas de desconto compostas. Ou seja, a partir de determinado ano, deduz-se uma taxa de fixa sobre o valor obtido no ano anterior, até que o valor do resultado atribuído ao projeto se esvaia e não seja mais relevante para a sociedade ou para o meio ambiente.

Vale chamar atenção, por outro lado, para o fato de, em alguns casos, tanto o contrafactual como o *drop-off* poderem ser aproximações bastante imprecisas. O *Guide to Social Returno on Investment* não prevê uma metodologia de cálculo bem definida ou parâmetros mais refinados para a aplicação de ambos, o que pode vir a se configurar como uma limitação da ferramenta SROI como a conhecemos hoje.

Nesse ponto da análise, já dispomos do fluxo de caixa dos resultados, positivos e negativos, valorados ao longo do tempo e descontados pelos parâmetros de estabelecimento contrafactual e *drop-off*. Com isso, já poderemos descontar o fluxo de caixa de impactos a uma taxa correspondente e efetuar o cálculo do SROI propriamente dito.

8.4.5 CALCULAR O SROI

Para o cálculo do SROI, devemos, antes, projetar para o futuro o valor de cada um dos resultados, tendo em vista sua duração, bem como o desconto dos contrafactuais e do *drop-off*. A esses valores projetados, devem ser somados também eventuais custos exigidos pelas atividades do projeto. Posteriormente, para que as somas dos custos e benefícios socioambientais, nos diferentes períodos possam ser comparáveis, deverá ser aplicada uma taxa desconto correspondente ao custo de oportunidade médio praticado no mercado. O *Guide to Social Return on Investment* recomenda a utilização da taxa básica de juros utilizada no mercado local do projeto em questão.

Finalmente, com o fluxo de caixa das somas dos benefícios projetadas no futuro, descontadas da taxa de desconto (r) utilizada, chegamos ao "valor social presente" do projeto.

Figura 8.1 – Cálculo do valor presente.

$$\text{Valor Presente} = \frac{\text{Valor de impacto no ano 1}}{(1+r)} + \frac{\text{Valor de impacto no ano 2}}{(1+r)^2} + \frac{\text{Valor de impacto no ano 3}}{(1+r)^3} + \frac{\text{Valor de impacto no ano 4}}{(1+r)^4} + \frac{\text{Valor de impacto no ano 5}}{(1+r)^5}$$

No estudo de caso que apresentaremos mais adiante, utilizamos como taxa de desconto a taxa de básica de juros SELIC (Sistema Especial de Liquidação e Custódia), definida periodicamente no Brasil pelo Comitê de Política Monetária (Copom) do Banco Central, na época em que o projeto foi avaliado pela Kaeté Investimentos.

O SROI (*Social Return on Investment*) será a razão entre o valor social presente líquido e o valor das entradas, ou do investimento total necessário para o desenvolvimento do projeto.

8.5 ESTUDO DE CASO: APLICAR O SROI A UM PROJETO DE MODERNIZAÇÃO DA PSICULTURA FAMILIAR ASSOCIADA À RESTAURAÇÃO FLORESTAL

O estudo de caso que abordaremos a seguir abrange dois projetos da Peixes da Amazônia, empresa do portfólio da Kaeté Investimentos, gestora de fundos de investimentos de impacto brasileira.

A Kaeté Investimentos foi criada em 2012, como gestora do primeiro fundo de investimento *private equity* focado em empresas sustentáveis – ou de impacto – localizadas na região da Amazônia Legal. Como apresentado anteriormente, por empresas de impacto entendem-se negócios capazes de gerar rentabilidade financeira associada à geração de retornos sociais e/ou ambientais intrínsecos ao seu modelo de negócio. Com foco nesse gênero de negócios, tratando-se inclusive de uma exigência dos próprios dos investidores do fundo, a todo momento a Kaeté Investimentos avalia e monitora os impactos e retornos sociais provocados por seu portfólio. Não por acaso, as próprias companhias investidas, por se posicionarem no mercado como empresas sustentáveis, possuem métricas e indicadores próprios para monitoramento de impacto, que são utilizados periodicamente na elaboração de análises, balanços e relatórios.

Os dois projetos aqui analisados foram idealizados no interior do Acre em 2016 e tinham como principais beneficiários os pequenos produtores rurais integrados à cadeia de suprimentos da empresa Peixes da Amazônia O primeiro deles voltado à modernização da cadeia de piscicultura, e o segundo, à restauração florestal das pequenas propriedades, tendo em vista sua adequação ao Programa de Regularização Ambiental, previsto no Novo Código Florestal Brasileiro, de 2012.

8.5.1 A PEIXES DA AMAZÔNIA S/A

A Peixes da Amazônia S/A é uma empresa agroindustrial de médio porte localizada na cidade de Senador Guiomard, a 30 km de Rio Branco, no estado do Acre. Especializada na produção e processamento de pescados de espécies nativas da Amazônia, a cadeia da empresa, à época do projeto, estava estruturada na integração produtiva de pequenos piscicultores da região, muitos dos quais integrantes de comunidades tradicionais e assentados da reforma agrária no estado.

A cadeia de suprimentos do negócio iniciava-se com a produção de alevinos em um avançado centro de alevinagem controlado pela empresa. Com a capacidade produtiva de até 10 milhões de unidades por ano, a empresa produzia alevinos de 3 espécies nativas da Amazônia (Pirarucu, Tambaqui e Pintado) e os vendia aos piscicultores locais. A esses produtores, a empresa também fornecia a assistência técnica e a ração animal necessárias ao processo de engorda. Uma vez concluída a fase de engorda, que tem duração média de um ano, os peixes eram revendidos à empresa, que se encarregava do processamento da carne e da sua comercialização nos mercados locais e em diversas redes de supermercados e *food service* pelo Brasil.

A empresa dispunha de uma rede de fornecedores de pescados formada por pelo menos 300 piscicultores familiares integrados à sua cadeia. Esses piscicultores, por sua vez, estavam organizados na Central de Cooperativas de Piscicultores do Acre, a AcrePeixes, que também possui participação acionária na Peixes da Amazônia S/A. Vale destacar desde a criação da empresa em 2013, há a ideia de uma instituição que foi concebida segundo um modelo de Parceria-Público-Privado-Comunitário (PPPC), cuja gestão e composição acionária é partilhada entre investidores privados (Kaeté Investimentos e empresários locais), investidor público – Agência de Negócios do Estado do Acre (ANAC) – e a comunidade local, na figura dos pequenos produtores organizados na Central de Cooperativas. Ao assegurar participação no conselho gestor e distribuição de dividendos a cada um desses atores, o modelo contribui não apenas para que todas as partes envolvidas tenham voz nas decisões estratégicas da empresa, mas também para que seus esforços estejam constantemente alinhados com o crescimento sustentável da companhia.

No que diz respeito aos principais impactos gerados pela Peixes da Amazônia à comunidade local, destacavam-se a geração de emprego e renda em uma região remota e carente de oportunidades (impacto social) e o combate ao desmatamento do bioma amazônico (impacto ambiental). Uma vez integrados à cadeia da empresa, os fornecedores ficavam impedidos de desmatarem suas propriedades para construção de lavouras e pastos de produção extensiva.

Vale mencionar que, para se chegar a um nível de desmatamento próximo de zero na região amazônica nos próximos anos, boa parte dos especialistas em preservação ambiental em florestas tropicais tem defendido a adoção de estratégias que vão além do monitoramento remoto e da fiscalização ostensiva. Para eles, faz-se cada vez mais necessária a construção de modelos de gestão compartilhada para a exploração sustentável da terra, capazes de envolver a comunidade local e de gerar valor para a "floresta em pé". Seja a partir de atividades pelo manejo florestal controlado, para a produção de artigos não madeireiros com valor de mercado, seja pela remuneração da comunidade local por serviços ambientais prestados, no sentido de se assegurar a integridade florestal na Amazônia.

O modelo de negócio da Peixes da Amazônia S/A, portanto, ao garantir um incremento de renda médio de 85% aos seus integrados, associado à proibição de novos desmatamentos, estava totalmente alinhado à estratégia de geração de valor à "floresta em pé", defendida pelos especialistas. Paralelamente a isso, a empresa, com o apoio de investidores, como a Agência de Negócios do Acre e a Kaeté Investimentos, buscava viabilizar e apoiar o desenvolvimento de projetos que aumentassem a robustez do seu modelo de integração e que trouxessem ainda mais benefícios às famílias integradas à cadeia de suprimentos. Um desses projetos, denominado Modernização da Piscicultura Familiar, foi elaborado pela Secretaria de Desenvolvimento do Estado do Acre e visava à construção e à restauração de 320 hectares de viveiros de pescados distribuídos em 160 pequenas propriedades familiares no estado.

Um segundo projeto, independente do anterior, estava voltado para a regularização ambiental de propriedades com passivos ambientais (PRA), a partir do reflorestamento de áreas degradadas por meio de Sistemas Agroflorestais (SAFs) produtivos. O que, além de promover a restauração ambiental, ainda significaria uma fonte alternativa de renda a pequenos proprietários a médio e longo prazos.

Desse modo, como os projetos possuíam os pequenos piscicultores do estado como principais beneficiários, decidimos por associar os dois projetos em um estudo de caso, aplicando a análise SROI a ambos, dentro do mesmo escopo e de modo integrado.

8.5.2 O PROJETO DE MODERNIZAÇÃO DA PISCICULTURA FAMILIAR

O Projeto de Modernização da Piscicultura Familiar foi elaborado pela Secretaria de Desenvolvimento Florestal, da Indústria, do Comércio e dos Serviços Sustentáveis

(SEDENS) do estado do Acre, a fim de ser submetido a edital lançado pelo Banco Mundial. O banco procura suportar projetos de crescimento e desenvolvimento sustentável de longo prazo em países em desenvolvimento como o Brasil.

Nesse projeto em específico, a SEDENS procurava captar R$ 18,5 milhões, via doação, a fim de garantir a construção ou reforma de pelo menos 320 hectares de lâmina d'água de aquicultura, localizados em 160 pequenas propriedades de piscicultores familiares no estado do Acre. O projeto previa ainda o fornecimento de assistência técnica continuada aos produtores, bem como a assimilação de novas tecnologias, no sentido de se melhorarem a eficiência e a produtividade da cadeia piscicultora do estado, a partir de ações que promovessem geração de renda e sustentabilidade ambiental.

A cadeia da piscicultura no Acre, com fornecimento regular ao mercado local, iniciou-se na década de 1970, a partir da construção de açudes, em áreas geralmente degradadas, para a engorda de peixes. Em razão do baixo grau de profissionalização dos piscicultores na região, o setor teve tradicionalmente baixos índices de produtividade quando comparado aos atingidos por outros estados brasileiros.

Dado o clima favorável, a elevada disponibilidade de recursos hídricos, a existência de espécies nativas nobres e com bom desempenho de cultivo e, até mesmo, a implantação nos últimos anos de uma indústria de processamento do pescado e de insumos para engorda, a piscicultura tem sido abordada como uma oportunidade estratégica de desenvolvimento social e econômico no estado do Acre. Somam-se a esses fatores a marca "Amazônia", da qual os produtores podem se beneficiar, bem como a posição privilegiada do estado, por onde passa a Rodovia Interoceânica, que dá acesso a grandes mercados na América Andina e na Ásia.

Nesse sentido, desde 2011, o governo vem executando o Programa de Desenvolvimento da Piscicultura do Estado, que compreende uma série de esforços de fortalecimento e aumento de competitividade da cadeia a partir da adoção de novas tecnologias, da formação dos piscicultores e do uso de terras já desmatadas para a construção de viveiros de engorda para geração de renda familiar local. O Projeto de Modernização da Piscicultura Familiar aqui abordado, portanto, consistiu em mais uma iniciativa vinculada a esse programa iniciado em 2011.

As principais etapas da execução do projeto consistiam na seleção dos piscicultores beneficiários, com base em critérios definidos pela SEDENS, com o apoio da Central de Cooperativas de Piscicultores do Acre, a AcrePeixes (i); na realização dos subprojetos técnico-financeiros para cada uma das propriedades beneficiadas, tendo em vista a melhoria ou construção da lâmina d'água (ii); na realização das obras nas 160 propriedades, conforme subprojeto anteriormente elaborado e validado junto ao beneficiário, à cooperativa e a SEDENS (iii); na aquisição dos equipamentos e insumos para produção (iv); e na capacitação e assessoria técnicas de produção aos piscicultores, oferecidas por meio de visitas periódicas ao longo de 2 anos (v). Para isso, o projeto previa a contratação de empresa de consultoria especializada para a realização das visitas.

Por fim, uma vez executado o projeto, esperava-se que os piscicultores beneficiados atingissem uma produtividade de 12,9 toneladas/hectare.ano, bastante acima da produtividade média verificada no estado. Diante da maior oferta de pescados nativos na região, a empresa Peixes da Amazônia, investida da Kaeté Investimentos, seria uma beneficiária indireta do projeto e, por essa razão, acompanhou e colaborou com a sua elaboração junto à SEDENS.

8.5.3 O PROJETO DE REFLORESTAMENTO COM SISTEMAS AGROFLORESTAIS PRODUTIVOS

A empresa Peixes da Amazônia, com a assessoria da Kaeté Investimentos, procurava, continuamente, elaborar e viabilizar projetos que aumentassem a robustez do seu modelo de negócio e de integração produtiva. Alguns desses projetos, muitas vezes sem retorno financeiro imediato para a empresa, buscavam gerar maiores benefícios aos produtores integrados, incrementando a sua renda, dando maior acesso a novas tecnologias ou, até mesmo, viabilizando novas oportunidades de negócios que os envolvam.

Se por um lado esses projetos paralelos contribuíam para a consolidação da cadeia produtiva da empresa e para a geração de mais benefícios às famílias integradas, por outro, eles eram desenhados no sentido de se considerarem as especificidades ambientais do bioma amazônico e a importância dos modelos de negócio capazes de gerar valor para a floresta "em pé". Não por acaso, nos últimos anos, a Kaeté Investimentos acumulou uma significativa bagagem de conhecimento na temática da conservação e do reflorestamento, tendo em vista as melhores práticas existentes no mercado, os investimentos necessários à restauração florestal e, sobretudo, a possibilidade de realizá-los de forma produtiva e rentável. Desse modo, o reflorestamento de áreas degradadas na Amazônia, se realizado por meio da implantação de sistemas agroflorestais produtivos, com espécies frutíferas e de madeira de manejo, pode se configurar como uma grande oportunidade de geração de renda a pequenos proprietários na região. Para isso, à época do projeto, a Kaeté vinha estudando, para cada uma das empresas investidas na Amazônia e que contavam com uma cadeia de fornecedores similar à da Peixes da Amazônia, a elaboração de projetos que viabilizassem a implantação de SAFs nas propriedades fornecedoras, com o cultivo de espécies nativas, como o açaí, o abacaxi, o paricá e o cacau. O objetivo era que, além permitir que essas famílias tivessem seus passivos ambientais liquidados junto ao Estado, elas também passassem a contar, no médio prazo, com uma fonte de renda alternativa, de maneira sustentável e totalmente alinhada à preservação da floresta.

Assim, além das obras para construção e modernização das lâminas d'água de piscicultura previstas no projeto anterior, também aplicaremos o SROI ao projeto de construção de 2 hectares de SAF produtivos em cada uma das propriedades beneficiadas.

Com base na análise dos passivos florestais dos atuais fornecedores da Peixes da Amazônia, verificamos que pelo menos 97% das propriedades possuíam algum passivo ambiental que deveria ser liquidado nos anos seguintes, mediante cadastro do produtor no Programa de Regularização Ambiental (PRA). Dos passivos ambientais presentes nessas propriedades, verificamos também que eles possuíam um tamanho médio de 17 hectares, sendo 100% deles superiores a 2 hectares. O governo do Acre já vinha estudando, em 2016, projetos e modelos de negócio para apoiar os pequenos proprietários do estado a liquidarem seus passivos por meio do reflorestamento de suas propriedades. Alguns desses projetos já previam a implantação de SAF produtivos, tendo em vista a geração de renda, para além da regularização fundiária.

Nesse sentido, ao propor a implantação de 2 hectares de SAF em cada uma das propriedades selecionadas pelo projeto de modernização da piscicultura, esse projeto apontava para uma excelente oportunidade de já se adiantarem esforços de reflorestamento que deveriam ser empreendidos pelo governo nos próximos anos.

Com CAPEX (*Capital Expenditure*) médio de R$ 10.460,00 por hectare reflorestado, a implantação de 2 hectares de SAF em cada uma das 160 propriedades beneficiadas pelo projeto significaria um investimento total de R$ 3,35 milhões. As premissas de custo, produtividade e rentabilidade dos SAF produtivos e utilizadas nesse modelo foram extraídas do estudo intitulado "Pré-plano de negócio sustentável de inclusão social produtiva via pirarucu, cacau e sistemas agroflorestais", de autoria de João Mangabeira, pesquisador da Embrapa.

8.6 ANÁLISE SROI DOS PROJETOS CONSIDERADOS

Como apresentado anteriormente, a análise SROI está profundamente associada à ferramenta da Teoria da Mudança, que, além de indicar todos os *stakeholders* envolvidos e considerados na análise, também evidencia como cada um deles afeta ou é afetado pelo projeto abordado. A partir da Teoria da Mudança, por sua vez, obtemos o Mapa de Impacto, responsável por representar em uma tabela os *stakeholders* do projeto e, para cada um deles, suas entradas (*inputs*), saídas (*outputs*) e resultados (*outcomes*). Finalmente, caberá ao analista SROI valorar financeiramente cada um desses *outcomes* experimentados pelos *stakeholders* e, em seguida, obter o retorno social sobre o investimento realizado.

Para que haja uma a boa compreensão do estudo de caso aqui apresentado, optamos por apresentar, primeiramente, o Mapa de Impacto proveniente da Teoria da Mudança, no qual constarão todos os *stakeholders* considerados e os *inputs* e *outputs* a ele associados. De modo a deixar a análise mais compreensível e transparente, também serão expostas, não apenas as razões pelas quais os *stakeholders* incluídos no modelo foram considerados, mas também as razões pelas quais dois *stakeholders* anteriormente identificados foram desconsiderados pelo modelo.

Uma vez elaborado o Mapa de Impacto, apresentaremos a análise SROI propriamente, a partir da qual serão valorados os resultados (*outcomes*). Nesta seção, serão definidos os indicadores adotados para a quantificação dos resultados e, em seguida, as proxies utilizadas para valoração financeira dos respectivos indicadores.

Por fim, explicaremos as premissas de estabelecimento de impacto, o contrafactual e o *drop-off* adotados neste caso.

8.7 OS *STAKEHOLDERS*: ABORDAGEM PRELIMINAR

Inicialmente, após reuniões entre a Kaeté Investimentos, a Peixes da Amazônia e um dos idealizadores e autor do projeto de Modernização da Piscicultura Familiar, o economista Felipe Guedes, da SEDENS, identificamos um total de 10 *stakeholders* que afetariam ou seriam diretamente afetados pelo projeto aqui estudado. Eram eles: o conjunto das 160 famílias selecionadas, os piscicultores locais não selecionados, a Central de Cooperativas de Piscicultores do Acre, a empresa Peixes da Amazônia, o Estado, a população local da região, a população consumidora remota, o KfW (Banco de Desenvolvimento Alemão) e o Banco Mundial. Este último, potencial financiador do projeto. Dentre os *stakeholders* citados, desconsideraram-se os piscicultores não selecionados como *stakeholders* do projeto, pelas razões expostas na tabela a seguir.

Tabela 8.1 – *Stakeholders* – racional de inclusão/exclusão

Stakeholders **do Projeto**	
Principais *Stakeholders*	**Razões para inclusão**
160 famílias de pequenos piscicultores	Serão os principais beneficiados pelo projeto;
Central de Cooperativas dos Piscicultores do Acre	Fará a seleção dos piscicultores a serem contemplados pelo projeto e intermediará sua execução, além de consolidar a produção dos pescados para sua comercialização;
Peixes da Amazônia S/A	Principal compradora dos peixes produzidos
Estado	O Estado será afetado pelo projeto na medida em que poderá arrecadar mais impostos, reduzir a demanda por benefícios sociais e aumentar a área de florestal recuperada.

População local	Além das oportunidades de emprego e renda geradas na comunidade local, a população também contará com um maior volume de peixe fresco e de produtos oriundos dos SAF;
População consumidora remota	A população consumidora remota trata-se, sobretudo, dos clientes da empresa Peixes da Amazônia, que terão um maior volume de peixe exótico da Amazônica ofertado em suas regiões;
Banco Mundial	Potencial financiador
KfW	Negociou créditos de carbono emitidos pelo Estado do Acre cujos recursos deverão ser destinados a projetos de restauração ambiental
Stakeholder excluídos	Razões para exclusão
Piscicultores não selecionados	Os piscicultores não selecionados poderão ser afetados pela concorrência com os piscicultores contemplados; no entanto, como o número dos selecionados é significativamente menor, admitiu-se que os efeitos dessa concorrência podem ser desprezados nesta análise.

Vale esclarecer, por fim, que por "Estado" compreende-se toda a esfera pública de alguma maneira vinculada a este projeto; desde o estado do Acre, passado pela SEDENS, que é a elaboradora do projeto, até o poder público em nível federal, que também será afetado pela maior arrecadação de impostos e pela economia de gastos com preservação ambiental. Além disso, optamos pela segmentação entre "população local" e "população consumidora remota" pelo fato de ambas experimentarem resultados do projeto bastante diferentes entre si. Enquanto a primeira é beneficiada com resultados diretos e imediatos, como a geração de emprego e renda local, a segunda, por sua vez, representada sobretudo pelos clientes da Peixes da Amazônia, experimenta resultados mais intangíveis, vinculados a uma maior oferta e diversidade de alimentos exóticos em suas respectivas regiões.

8.7.1 TEORIA DA MUDANÇA E MAPA DE IMPACTO

Como já mencionado, a Teoria da Mudança tem por objetivo ilustrar a geração dos impactos em projetos, destacando os *stakeholders*, o modo como cada um deles afeta o projeto, as atividades, os resultados imediatos (*outputs*) e os resultados a médio e longo prazos (*outcomes*).

Figura 8.2 – Teoria da Mudança.

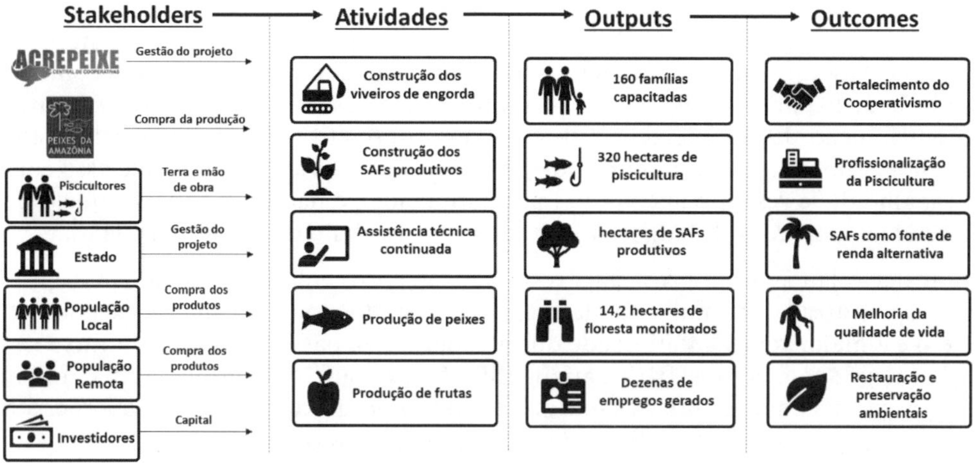

8.7.2 OS *STAKEHOLDERS* E SUA RELAÇÃO COM O PROJETO

8.7.2.1 Central Cooperativa de Piscicultores do Acre (Acrepeixe)

A Acrepeixe foi fundada em 2011, a partir da união de seis cooperativas de piscicultores no Acre. A organização diz ter como principal objetivo o desenvolvimento agroindustrial da aquicultura e da pesca na região, proporcionando, assim, a expansão socioeconômica dos seus cooperados. Para isso, a cooperativa colabora com a produção, fornecimento de assistência técnica, abertura de novos canais de vendas e com a prestação de serviços diversos, a depender das necessidades de seus membros. Em 2017, a cooperativa contava com 312 piscicultores cooperados, que trabalhavam não apenas com a aquicultura, mas também com outras atividades produtivas, como a agricultura e a pecuária. Eram pequenos e médios aquicultores que, juntos, respondiam por uma área produtiva de aproximadamente 300 hectares de lâmina d'água de viveiros.

Vale ressaltar ainda, que a Acrepeixe é uma das maiores e principais cooperativas do Acre, atuando ativamente no fortalecimento do cooperativismo na região, indo desde o suporte à constituição e formalização de novas cooperativas até o apoio ao ecossistema de cooperativas já existente.

Como descrito em seção anterior, a Acrepeixe também detinha participação acionária na empresa Peixes da Amazônia, permitindo que seus cooperados, e também fornecedores da empresa, fossem remunerados não apenas pelo processo de engorda do peixe, mas também pelas fases posteriores e de maior valor agregado na cadeia produtiva, associadas ao processamento e comercialização da proteína.

No que diz respeito à sua participação no projeto, a Acrepeixe teria papel fundamental na sua execução, dado que ela não apenas auxiliaria a SEDENS na seleção e comunicação com os piscicultores beneficiados, como também viabilizaria a consolidação do pescado produzido uma vez que as obras estiverem concluídas. Para tanto, como se observa no Mapa de Impacto, esperava-se que a cooperativa tivesse como input no projeto a contratação de um funcionário próprio, inteiramente dedicado ao projeto de Modernização da Piscicultura; o input, por sua vez, foi valorado com base no salário e nos encargos decorrentes da contratação desse funcionário. Como output da contribuição da Acrepeixe, estimou-se que o projeto contaria com pelo menos 1.500 horas/homem de gestão oriundas da cooperativa. Vale lembrar que essa carga de trabalho dizia respeito apenas ao input (atividade), e não do resultado (outcome), não sendo, portanto, valorada financeiramente para efeito de impacto social.

Por outro lado, como principais resultados experimentados pela Acrepeixe estavam o aprendizado acumulado pela organização ao longo desse ano de execução do projeto e a maior representatividade que a cooperativa passaria a contar junto a seus atuais e novos cooperados. Para a análise SROI esses, sim, se configuravam como resultados sociais compartilhados (*outcomes*), devendo, portanto, serem valorados financeiramente e lançados no fluxo de caixa de impactos do projeto.

8.7.2.2 Piscicultores e familiares beneficiados

Os principais beneficiados diretos do projeto eram os piscicultores familiares selecionados que, necessariamente, deveriam estar filiados à Acrepeixe e se enquadrar nos critérios do projeto previamente definidos. Tratavam-se de piscicultores com uma média de dois hectares de lâmina d'água de aquicultura, com pouco emprego de tecnologia ou orientação técnica, desconhecimento de práticas de manejo e de ferramentas para controle de ração e gestão dos peixes, fazendo de suas fazendas sistemas produtivos pouco eficientes.

Esses fatores limitantes acabavam por encarecer sua produção e impactar negativamente no seu potencial de geração de renda por meio da piscicultura e no aumento da preferência por outras atividades ameaçadoras à floresta Amazônia, como a agricultura e a pecuária extensivas. No escopo do projeto, seriam selecionados 160 piscicultores, com famílias de, em média, 2 filhos. O que representava um impacto sobre pelo menos 640 beneficiados diretos, segundo a SEDENS.

Os principais *inputs* fornecidos pelos piscicultores ao projeto eram a área privada destinada à instalação dos viveiros e dos SAF, o tempo gasto ao longo da execução dos trabalhos em suas propriedades e o custeio da produção inicial, associados à compra dos alevinos e da ração no primeiro ano. No que se refere à valoração desses *inputs*, foi convencionado no SROI que não se deve atribuir valor financeiro ao tempo gasto pelos beneficiários principais em um programa (SROI *Network*, 2013).

Outro ponto passível de discussão dizia respeito à valoração financeira correspondente à porção de terra do piscicultor que seria colocada à disposição do projeto. Por mais que a área continuasse sob a posse do produtor e que ele se beneficiasse diretamente dela para a obtenção dos benefícios, a terra, nesse caso, tratava-se de um input determinante para a concretização do projeto, devendo, portanto, ser valorada. Por outro lado, é certo que, como não haveria transferência de posse, não caberia valorá-la a partir do seu valor imobiliário, uma vez que, na condição de proprietário, a qualquer momento o piscicultor poderia vir a abrir mão do projeto e dar à terra a finalidade que melhor lhe conviesse. No entanto, na medida em que a área seria transformada e escavada para a construção dos tanques de piscicultura, decidimos por valorá-la com base no custo de uma eventual restauração à condição anterior à do projeto, que, nesse caso, seria arcado pelo próprio proprietário.

Como principais *outputs* associados a esses *stakeholders*, estavam os 320 hectares de lâmina d'água para piscicultura, com maior tecnologia agregada e equipamentos que permitiriam uma melhor engorda e manejo dos peixes. Além disso, essas famílias também receberiam visitas técnicas mensais ao longo de dois anos, por empresa especializada contratada pelo projeto, de modo a estarem capacitadas para uma boa prática da aquicultura, com melhores técnicas, e alcançarem uma produtividade mais elevada. Além disso, as fazendas selecionadas também receberiam 2 hectares de sistemas agroflorestais produtivos, o que significaria, no médio prazo, uma nova fonte renda às famílias.

Como resultados (*outcomes*) associados a esses *stakeholders* estavam a maior profissionalização da piscicultura local, com maiores produtividade e resiliência frente a dificuldades no setor. Além disso, haveria tanto a geração de renda incremental, proveniente da modernização dos viveiros de aquicultura, como de renda primária, oriunda dos novos sistemas agroflorestais implantados. Finalmente, com a recuperação das áreas degradadas por meio da aquicultura e do reflorestamento, destacava-se também a valorização imobiliária das propriedades selecionadas e a melhoria da qualidade de vida dos seus moradores.

8.7.2.3 A empresa Peixes da Amazônia

A empresa Peixes da Amazônia não era idealizadora ou mesmo autora do projeto, mas se tratava de uma parte significativamente interessada na sua concretização. Por meio dele, a empresa poderia contar com uma maior e mais regular oferta de pescados nas suas proximidades, tendo sua cadeia de fornecedores e seu modelo de integração robustecidos. Por essa razão, a empresa não apenas fazia colaborações pontuais, por meio do fornecimento de informações e de know-how, como também estava disposta a colaborar de modo mais frequente uma vez que a execução do projeto se iniciasse. Nesse sentido, como input da empresa ao projeto, decidimos por colocar meia jornada de trabalho de um funcionário parcialmente dedicado a ele, ao longo dos seus 12 meses de execução.

Por se tratar de uma empresa privada, os *outputs* e *outcomes* que seriam experimentados pela empresa, e apenas por ela e seus acionistas, não foram aqui contabilizados. No entanto, observamos que existiam *outputs* e *outcomes* experimentados por outros *stakeholders*, sobretudo os piscicultores, para os quais a participação da empresa no projeto era determinante.

O primeiro *output* é o fato de que a empresa costumava pagar um prêmio de 5% em relação ao preço do pescado no mercado regional, ou seja, em relação àquele praticado entre os estados do Acre e de Rondônia. Esse output era responsável por um incremento na renda gerada aos piscicultores e que merecia ser contabilizado no modelo. Além disso, àquela época a Peixes da Amazônia tinha seu crescimento limitado pela irregularidade no fornecimento de pescados pelos fornecedores ou pela insuficiência do produto na região. Nesse sentido, esperava-se que a empresa, que contava com uma capacidade de processamento anual de 20 mil toneladas de peixe, consumisse pelo menos 80% de todo o pescado produzido no âmbito do projeto. A companhia, portanto, configurava-se como um stakeholder importante, à medida em que ela diminuía significativamente o risco de liquidez do peixe produzido.

8.7.2.4 O estado do Acre

O estado do Acre, além de autor do projeto de Modernização da Piscicultura na figura da SEDENS, também era um dos *stakeholders* que mais experimentaria benefícios e *outcomes* provenientes dele. Como seus objetivos estavam intimamente relacionados aos interesses da coletividade, compartilhando com ela os resultados por ele experimentados, os *outcomes* associados a esses resultados devem ser contabilizados no modelo SROI.

Como input, esperava-se que a SEDENS dedicasse o tempo de trabalho de ao menos 3 funcionários, durante todo o ano de execução do projeto. Esses funcionários estariam em permanente contato com a cooperativa, com os piscicultores, com os bancos financiadores do projeto e com as empresas de assistência técnica e de construção civil contratadas.

A maior parte dos benefícios experimentados pelo Estado estavam no campo ambiental. Por meio deles, o estado do Acre, por exemplo, poderia tanto gerar economias de gastos de reflorestamento para manter áreas preservadas, quanto aumentar sua arrecadação por meio da prestação de serviços ambientais, com emissão de créditos de carbono.

Para além da economia de recursos, o Estado também contaria com maior arrecadação de impostos incidentes sobre a operação da empresa Peixes da Amazônia.

8.7.2.5 A população local

A população local, apesar de não apresentar nenhuma contribuição direta (input) ao projeto, contaria com pelo menos dois benefícios decorrentes da sua execução. O primeiro deles estava associado à maior oferta de peixe fresco na região. Como descrito anteriormente, nem toda a produção de pescados vinculada ao projeto seria absorvida pela empresa Peixes da Amazônia. Esperava-se, portanto, que esse produto continuasse na região de cultivo, alimentando a população local, por meio de vendas diretas, ou sendo fornecidos a pequenos frigoríficos que atuam naquela área.

Além da maior oferta de alimentos, a população local também contaria com um incremento na oferta de empregos diretos na região, sobretudo aqueles relacionados à piscicultura. Vale esclarecer que o número de empregos gerados de diaristas de manejo e auxiliar de despescas adotados neste modelo foi extraído do projeto elaborado pela própria SEDENS.

Tabela 8.2 – Mapa de Impacto.

Mapa de Impacto – Projeto de Modernização da Piscicultura e Reflorestamento Produtivo					
Stakeholders		*Inputs*		*Outputs*	*Outcomes*
Quem afetou ou foi afetado pela atividade	**Descrição**	**O que será investido pelo stakeholder**	**Volume (R$)**	**Atividades (descritas quantitativamente)**	**Impactos sociais e ambientais sofridos pelo stakeholder**
Central de Cooperativas dos Piscicultores do Acre (AcrePeixes)	Com a execução do projeto, a cooperativa terá sob gestão a comercialização de um maior volume de pescados, além de gozar de maior representatividade junto aos piscicultores cooperados.	Tempo de gestão do projeto (1 funcionário dedicado) (=R$ 3000 x 13 meses)	39.000	2.000 horas de gerenciamento de projeto e de interação com os associados;	Aprendizado para a organização;
		Custo de restauração da terra [=8000 x (2ha) x 160 piscicultores]	2.560.000		Maior representatividade perante os cooperados;

Piscicultores familiares selecionados	Os piscicultores beneficiados estarão mais capacitados ao final do projeto, com um aumento na produtividade e, portanto, na geração de renda. Além disso, terão parte de seus passivos florestais quitados a partir da implantação 2 hectares de Sistemas Agroflorestais produtivos.	5 hectares, sendo 3 hectares destinados à construção dos tanques de piscicultura e 2 hectares aos sistemas agroflorestais	-	160 famílias capacitadas com visitas de assistência técnica mensais, ao longo de dois anos;	Piscicultura local mais profissionalizada, produtiva e resiliente;
		Mão de obra na piscicultura (por convenção, as horas dos principais beneficiados não são valoradas como *inputs*).	-	320 hectares de lâmina d'água para piscicultura, divididos em 160 propriedades familiares, com um incremento de 44% na renda dos piscicultores;	Aumento da produtividade com incremento na geração de renda aos pequenos piscicultores;
		Custeio inicial da produção (alevinos, ração inicial e juvenil)	4.944.717	320 hectares reflorestados com sistemas agroflorestais (SAFs), com produção de cacau e madeira de manejo florestal;	Fonte alternativa de renda a longo prazo, proveniente dos SAFs;
					Valorização das propriedades e maior qualidade de vida dos moradores;
Peixes da Amazônia S/A	A empresa contará com maior oferta de peixes nas proximidades do seu frigorífico e terá sua cadeia de fornecedores fortalecida;	Tempo de gestão do projeto (0,5 funcionário dedicado) (=0,5 x R$ 3000 x 13 meses	19.500	Pagamento de preço prêmio de 5% em relação ao preço de mercado (RO); [output aos piscicultores]	Geração extra de renda proveniente de peixe vendido à empresa Peixes da Amazônia;
				Garantia de compra de pelo menos 50% do peixe produzido pelos piscicultores	Redução do risco de liquidez/mercado do peixe produzido

Estado	O Estado terá um aumento na arrecadação de impostos, um incremento da atividade econômica, uma redução na demanda de benefícios sociais, além de maior facilidade para atingir suas metas redução ao desmatamento e adesão ao Programa de Regularização Ambiental;	Tempo para gestão do projeto (3 funcionários dedicado)	117.000	320 hectares reflorestados no estado;	Economia de gastos em reflorestamento;
				14,2 mil hectares de floresta preservados;	Economia de gastos em preservação de áreas florestais;
				Remuneração por serviços ambientais;	Emissão de créditos de carbono;
				Arrecadação de impostos referente ao peixe comercializado pela Peixes da Amazônia S/A	
População local	A população local contará com uma maior oferta de oportunidades de emprego e de alimentos;	-	-	Incremento na oferta de peixe fresco na região;	Maior oferta de alimentos na região;
				320 diárias de diaristas de manejo; 160 diárias de auxiliar de despesca; 5 empregos diretos;	Geração de emprego e renda na comunidade;
População consumidora remota	90% do peixe produzido pela Peixes da Amazônia é escoado para outras regiões do país, em grandes centros urbanos, que terão maior disponibilidade de pescados nativos da Amazônia;	-	-	Produção incremental de peixe fresco escoada para grandes centros urbanos;	Maior acesso a pescado processado nativo da Amazônia;

Banco Mundial	O banco terá um maior número de projetos apoiados em seu portfólio;	Custeio do Programa de Modernização da Piscicultura Familiar	18.565.216		
KfW	O banco terá um maior número de projetos apoiados em seu portfólio;	Custeio do projeto de reflorestamento por meio da implantação de 320 hectares de SAFs produtivos.	3.347.200		

8.7.3 MODELO SROI: VALORAÇÃO DOS RESULTADOS

Neste ponto da análise, para cada um dos resultados (*outcomes*) anteriormente descritos, buscaram-se proxies financeiras que pudessem, de alguma maneira, valorá-los, de modo a traduzir, para valor de mercado, o impacto gerado pelo projeto.

Para racionalizar a demonstração e facilitar a compreensão da sua valoração, os resultados foram divididos em dois grupos (sociais e ambientais) e suas proxies, uma por uma, apresentadas.

8.7.3.1 Fontes de valor sociais

8.7.3.1.1 Maior representatividade da Central de Cooperativas do Acre (Acrepeixe) perante seus membros

O governo do Acre, na ocasião, considerava o cooperativismo como um importante pilar do desenvolvimento socioeconômico no estado. Diante do pequeno porte da grande maioria dos produtores ali existentes, o cooperativismo podia se traduzir em significativos ganhos de escala, maior facilidade para obtenção de crédito, financiamento, investimento e de acesso a novos mercados. A organização cooperativa, do mesmo modo como ocorre na Acrepeixes, também podia funcionar como um importante canal para disseminação de assistência técnica e de divulgação de políticas públicas e de oportunidades pertinentes aos mais diferentes setores da economia local. Por esse motivo, o governo empreendia inúmeros esforços no sentido de fomentar o cooperativismo no estado, além de estimular grandes empresas a se relacionarem comercialmente com as cooperativas lá existentes.

Além disso, em se tratando do meio rural, em que os *stakeholders* tendem a estar pouco organizados e bastante dispersos no território, o desenvolvimento de projetos tende a encontrar maiores obstáculos e dificuldades, no que se refere ao fluxo de informações, de mercadorias, de valores, entre outros. Nesse sentido, a presença da cooperativa como uma consolidadora de bens, mercadorias e valores, e como uma disseminadora de informações e de conhecimento tenderia a facilitar a viabilidade de um projeto como este.

Tendo isso em vista, um dos principais *outcomes* do projeto, associado ao fortalecimento do cooperativismo na região, seria o aumento da representatividade da Acrepeixe perante seus cooperados. Para quantificar esse aumento de representatividade, utilizamos dois indicadores: a redução da inadimplência prevista pela organização após a implementação do projeto (i) e o aumento esperado do número de cooperados em decorrência dele (ii). Para valorar financeiramente ambos os indicadores, utilizamos o valor da anuidade paga pelos cooperados à cooperativa.

Tabela 8.3 – Proxies 1 e 2.

	Indicador		Proxy
i	[# extra de cooperados]	x	[valor da anuidade]
ii	[redução da inadimplência]	x	[valor da anuidade]

8.7.3.1.2 Maior profissionalização da piscicultura local

Um outro desafio bastante caro na região amazônica é a profissionalização do trabalhador rural para atividades que vão além da pecuária e a agricultura extensivas. A formação do trabalhador para desenvolver e empreender atividades rurais de maior valor agregado e menos nocivas ao meio ambiente, como a piscicultura, a silvicultura sustentável e, até mesmo, o ecoturismo pode contribuir para a estruturação de novos modelos de desenvolvimento locais, pautados na sustentabilidade, na geração de valor à floresta preservada e na conservação ambiental.

O processo de profissionalização, no entanto, tende a encontrar grandes obstáculos quando se trata de regiões isoladas. A carência de oportunidades socioeconômicas e a pulverização geográfica dos produtores rurais dificultam sobremaneira a execução de políticas e projetos voltados para esse fim. Nesse sentido, iniciativas como essas, que preveem a profissionalização já vinculada à geração de renda e a uma oportunidade de mercado garantida, estimulam o engajamento dos beneficiados e o aumento de sua resiliência durante o processo de capacitação técnica.

Para quantificar o aumento da profissionalização da piscicultura local, utilizamos como indicador o número de famílias capacitadas pelo programa de assistência técnica ao longo dos dois primeiros anos do projeto (i), dado o fato de a gestão das unidades de engorda na região costumar ser compartilhada entre o marido e a esposa de cada família. Para valorar tais indicadores, utilizamos como referência o preço médio anual de uma assessoria técnica em piscicultura praticada na região.

Tabela 8.4 – Proxy 3.

	Indicador		Proxy
i	[# famílias capacitadas]	x	[preço anual de um serviço de assistência técnica]

8.7.3.1.3 Aumento da produtividade dos viveiros de aquicultura

A baixa produtividade é um dos grandes gargalos enfrentados pelo setor da piscicultura no Acre. Para se ter uma ideia, a capacidade de processamento do frigorífico da empresa Peixes da Amazônia era de 20 mil toneladas de pescado por ano, enquanto, para o ano de 2017, todo o estado do Acre apresentou uma produtividade de apenas 6 mil toneladas de peixe terminado, ou seja, pronto para ser abatido. (Acre em Números, 2017). Por um lado, isso faz com que a empresa tenha que recorrer à produção oriunda de outros estados vizinhos, sobretudo de Rondônia, por outro, o estado do Acre perde uma oportunidade de fomentar a economia local e fortalecer sua cadeia de piscicultura por meio de uma agroindústria já instalada e em operação. Nesse sentido, uma importante fonte de valor social do presente projeto era o aumento de produtividade dos sistemas de engorda dos pequenos piscicultores, contribuindo, sobretudo, para o incremento da renda gerada aos produtores.

Para quantificar o aumento de produtividade dos viveiros de aquicultura beneficiados pelo projeto, utilizamos como indicador o incremento da produção dele decorrente (i). Para valorar financeiramente esse resultado, utilizamos como proxy a lucratividade incremental, ou seja, a diferença entre as lucratividades anterior e posterior ao projeto.

Além do incremento de lucratividade associado ao aumento de produtividade exposto acima; como se observa no Mapa de Impacto, a Peixes da Amazônia costumava pagar um prêmio de 5% aos piscicultores integrados à sua cadeia. Para valorar o impacto desse prêmio na geração de renda dos piscicultores (ii), tomamos como base para o cálculo da proxy o valor do prêmio, o preço ordinário do pescado, a parcela da produção comprada pela empresa e os volumes de produção anterior e posterior à conclusão do projeto.

Tabela 8.5 – Proxies 4 e 5.

	Proxy Agregada
i	[lucratividade depois do projeto] – [lucratividade antes do projeto]
ii	[prêmio] x [preço de venda frigorífico] x [parcela comprada pela PASA] x {[volume depois] – [volume antes]}

8.7.3.1.4 Fonte de renda alternativa, proveniente dos SAF produtivos

Os sistemas agroflorestais são definidos como consórcios de culturas agrícolas com espécies arbóreas e/ou frutíferas, que podem ser utilizados para restaurar florestas e recuperar áreas degradadas. O plantio de árvores é fundamental para a recuperação das funções ecológicas das áreas degradadas, uma vez que possibilita o restabelecimento de boa parte das relações entre as plantas e os animais do ecossistema. Numa mesma área, é possível estabelecer consórcios entre espécies de importância econômica, frutíferas e hortaliças. Nesse sentido, além de contribuir para a conservação e restauração do meio ambiente, os SAF permitem oferecer produtos agrícolas e florestais, incrementando a geração de renda das comunidades agrícolas (EMBRAPA, 2004).

Outro ponto positivo dos SAFs está relacionado ao fato de eles reduzirem a dependência dos piscicultores de uma única cultura ou atividade produtiva, diminuindo, assim, sua vulnerabilidade econômica. De acordo com projeções do INPE/CCST, até o final deste século XXI, o bioma amazônico pode ter sua temperatura elevada em até 6ºC, com redução de até 45% no volume de chuvas. Essas mudanças climáticas tendem a representar uma importante ameaça aos demais biomas brasileiros, mas, sobretudo, às populações locais da Amazônia, que dependem da floresta e da agricultura para o seu sustento e sobrevivência (INPE/CCST, 2011).

Nesse sentido, os SAF produtivos, na medida em que se configuram como uma fonte de renda alternativa aos pequenos produtores locais, assumem um papel estratégico e relevante no aumento da resiliência da população local frente às mudanças previstas.

De acordo com o Plano Nacional de Adaptação à Mudança do Clima, publicado em meados de 2016 pelo Ministério do Meio Ambiente, dentre os principais grupos sociais vulneráveis no bioma amazônico estão extrativistas, pescadores, assentados, ribeirinhos e agricultores familiares. Essa vulnerabilidade, segundo o documento, decorre do agravamento da incidência de secas e chuvas torrenciais, do maior risco de inundações e da forte dependência dessas populações dos sistemas ecossistêmicos para sua subsistência (MMA, 2017).

A implantação dos SAF, portanto, contrapõe-se aos impactos das mudanças climáticas tanto por reflorestar áreas degradadas, quanto por aumentar a adaptabilidade das populações locais e torná-las menos dependentes da piscicultura, da agropecuária e da agricultura tradicionais.

Para quantificar e, posteriormente, valorar o impacto da implantação dos sistemas agroflorestais na renda dos beneficiados, assumimos que seriam montados consórcios de espécies nativas frutíferas e florestais, ambas com potencial de geração de renda aos pequenos proprietários. Diante da multiplicidade de espécies que poderiam ser consorciadas nos SAF, adotamos duas principais, como o cacau representando as frutíferas e o cedro australiano como representativo das espécies de manejo florestal para extração de madeira de corte. Os indicadores empregados foram, portanto, o número de hectares de SAF plantados (i) e o volume de madeira neles produzidos (ii).

A valoração desses indicadores se deu a partir da rentabilidade média do cacau por hectare de SAF e da rentabilidade média por metro cúbico de madeira produzida – nesse caso, o cedro australiano.

Tabela 8.6 – Proxies 6 e 7.

	Indicador		Proxy
i	[# hectares de SAFs implantados]	x	[renda de cacau por hectare de SAF]
i	[volume de madeira produzida]	x	[renda de madeira por volume produzido]

8.7.3.1.5 Melhoria da qualidade de vida dos piscicultores

Outro grande benefício que a implantação dos SAF produtivos para reflorestamento poderia agregar ao projeto de piscicultura é a contribuição para a melhoria da qualidade de vida dos beneficiados. Tendo em vista que o trabalhador rural dedica parte significativa do seu tempo a atividades da terra, terra esta que muitas vezes se encontra dentro de suas próprias propriedades, a restauração florestal de parte dessas áreas significaria também um importante fator de melhoria do bem-estar desses trabalhadores. Observa-se, além disso, que a preferência por se habitarem áreas florestadas em detrimento das desmatadas chega a refletir no próprio valor da terra. No caso do Acre, especificamente, o preço do lote preservado pode chegar a valer até 50% mais que a mesma área desmatada.

Para dar tangibilidade à melhoria da qualidade de vida dos piscicultores beneficiados e, assim, permitir sua valoração, assumiu-se como proxy financeira a valorização imobiliária dos hectares reflorestados, partir da diferença entre o preço médio de venda do hectare preservado e o preço médio de venda de um hectare desmatado. Como indicador, nesse caso, empregou-se o número de hectares reflorestados.

Tabela 8.7 – Proxy 8.

	Indicador		Proxy
i	[# hectares reflorestados]	x	[preço do hectare reflorestado] – [preço do hectare desmatado]

8.7.3.1.6 Incremento na oferta de peixe fresco na região

De acordo com as previsões do projeto, a modernização dos sistemas de aquicultura nas propriedades beneficiadas poderia contribuir para o incremento da produção de pescados em até 2,4 mil toneladas. Ainda que pelo menos 80% desse valor fosse vendido ao frigorífico da Peixes da Amazônia e escoasse para outras regiões do país, haveria um sensível aumento da oferta de peixe nativo fresco na região.

Diferentemente do que se costuma pensar, mesmo em regiões remotas como a amazônica, os hábitos de consumo da população têm sido cada vez mais prejudicados pelo crescimento da oferta de alimentos industrializados e ultraprocessados. Para expandir seus mercados, empresas do setor têm chegado aos locais mais remotos do Brasil, como mostra reportagem profunda publicada pelo The New York Times em setembro de 2017. Nela, o jornal associa o aumento da obesidade – que quase dobrou na última década, passando de 10% a 20% da população – à expansão acintosa da oferta de "*junk foods*" no país (The New York Times, 2017).

Nesse sentido, o projeto de modernização da piscicultura local possui uma importância fundamental ao aumentar a oferta de peixe fresco na região. Para valorar esse resultado, assumimos que, diante da inexistência de peixe fresco, a população se vê obrigada a comprar o pescado processado, caso queira consumir o peixe nativo da região. Nesse sentido, para o cálculo da proxy financeira, usamos os volumes de produção anual antes e depois do projeto, a porcentagem da produção que escoa para outras cidades e a diferença entre o preço do peixe processado e o preço do peixe fresco vendido na região.

Tabela 8.8 – Proxy 9.

	Proxy Agregada
i	{[volume produzido após projeto] – [volume produzido antes projeto]} x [porcentagem do peixe que continua na região] x {[preço do peixe processado] – [preço fresco]}

8.7.3.1.7 Maior acesso a peixes nativos da Amazônia à população consumidora remota

Em 2017, cerca de 90% da produção da Peixes da Amazônia era escoada para cidades fora do estado do Acre. Obstáculos produtivos como o sistema de integração de pequenos piscicultores e a distância a ser percorrida pela mercadoria até seu cliente final acabam fazendo do produto da empresa, por vezes, sensivelmente mais caro que outros similares presentes no mercado. Ainda assim, o produto da empresa vinha ganhando mercado em diversas redes de varejo e *food service* pelo país, tendo os pedidos superado significativamente a capacidade de fornecimento da empresa. Isso revela que o peixe nativo da Amazônia possui um grande valor imaterial à população das demais regiões do país. Por um lado, o projeto contribuiria para reforçar o atendimento a essa demanda latente, por outro, contribuiria para que o valor atribuído por esses consumidores ao peixe nativo pudesse remunerar as comunidades piscicultoras acreanas e garantir impactos sociais e ambientais dele decorrentes.

Para quantificar o aumento do acesso aos pescados da Amazônia em regiões distantes, utilizamos como indicador a parcela incremental do volume produzido e vendido ao frigorífico da Peixes da Amazônia, multiplicada pela porcentagem do volume produzido pela empresa que escoa para outras regiões. Já para valorar financeiramente a maior acessibilidade a esse produto por parte dos consumidores distantes, utilizamos para o cálculo da proxy a diferença entre o preço do pescado Peixes da Amazônia e preço de um outro pescado similar existente no mercado.

Tabela 8.9 – Proxy 10

	Indicador		Proxy
i	{[volume produzido após projeto] – [volume produzido antes projeto]} x [% comprada pela PASA] x [% escoada outras resgiões]	x	[preço pago no peixe PASA] – [preço pago num peixe similar]

8.7.3.1.8 Geração de emprego e renda na comunidade

A geração de emprego e renda na comunidade por ser quantificada por indicadores apontados pelo próprio projeto de modernização da piscicultura. Nele, para cada ano, estava prevista a contratação de 320 diárias de diaristas de manejo (i) e 160 diárias de auxiliar de despesca (ii). O resultado será valorado, portanto, pelo valor de mercado de cada uma dessas diárias, segundo as fórmulas a seguir.

Tabela 8.10 – Proxies 11 e 12.

	Indicador		Proxy
i	[# diárias de manejador]	x	[Valor da diária de manejador]
ii	[# diárias de auxiliar de despesca]	x	[Valor da diária de auxiliar de despesca]

8.7.3.2 Fontes de valor ambientais

8.7.3.2.1 Emissão de créditos de carbono

O estado do Acre conta com uma área de 164.000 km^2, responde por 4% da Amazônia Brasileira, tem 87% do seu território formado por floresta tropical e 30% da população reside em zona rural. Além disso, 47% das áreas naturais são protegidas, havendo nelas 34 territórios indígenas.

Nos últimos anos, o estado tem empreendido diversos esforços para conciliar desenvolvimento econômico e conservação dos recursos naturais, tendo em vista a consolidação da economia de base florestal e a emancipação econômica de comunidades locais.

Nesse sentido, em termos de iniciativas para o desenvolvimento econômico, vale mencionar a implantação da Zona de Processamento de Exportação do Acre (ZPE), a criação de fortes cadeias agroindustriais de peixes, suínos e aves, o fortalecimento da economia florestal e o incentivo à agricultura familiar e à produção de fruta.

Já no que diz respeito à gestão ambiental, além da expansão e modernização do setor florestal, foi desenvolvida uma avançada infraestrutura jurisdicional para monitoramento, contabilidade e emissão de créditos de carbono no estado.

Iniciativas como essas contribuíram para que o Acre alcançasse com êxito as metas nacionais definidas pela Política Nacional sobre Mudança do Clima (PNMC) e pelo Plano Estadual de Prevenção e Controle do Desmatamento do Acre (PPCD). As reduções na taxa de desmatamento do estado significaram uma redução de emissões de dióxido de carbono da ordem de 80 milhões de toneladas entre 2006 e 2010.

A fim de fomentar a manutenção e ampliação dos serviços ambientais, operacionalizando o apoio a iniciativas que preservem ou usem de forma sustentável os recursos ambientais, em 2010, o Acre criou o Sistema Estadual de Incentivos aos Serviços Ambientais (SISA). Seu primeiro programa, o ISA (Incentivos por Serviços Ambientais), foi desenhado para distribuir benefícios por serviços ambientais prestados, com base em resultados provenientes do desmatamento evitado e do sequestro de carbono por restauração florestal. A partir desse sistema, o estado já é capaz de emitir créditos de carbono com base no desmatamento evitado, comercializá-los no mercado e redistribuir a renda correspondente com os projetos ambientais desenvolvidos no estado e responsáveis pela redução das emissões de carbono na atmosfera.

Entre 2012 e 2015, o estado já havia fechado dois contratos de venda de créditos de carbono com o KfW (Banco de Desenvolvimento Alemão), totalizando R$ 76 milhões. De acordo com o contrato, esse montante deverá, necessariamente, ser destinado ao fortalecimento de atividades desenvolvidas por extrativistas produtores familiares e indígenas que trabalham nas cadeias produtivas do manejo madeireiro comunitário, da castanha, borracha, açaí, assim como outros produtos não madeireiros. Nesse sentido, vislumbrou-se neste trabalho a possibilidade de o estado do Acre destinar parte desses recursos para a implantação dos SAFs produtivos referidos nesta análise.

A área reflorestada com os SAF, por sua vez, permitiria a emissão de novos créditos de carbono pelo estado.

Tabela 8.11 – Proxy 13.

	Indicador		Proxy
i	[# hectares reflorestados]	x	[Renda com CC por hectare de SAF implantado]

8.7.3.2.2 Economia de gastos em preservação florestal de áreas ocupadas

Como já descrito anteriormente, hoje uma das principais ameaças à floresta na Amazônia são as atividades de agricultura e pecuária extensivas observadas em pequenas propriedades. Dado o seu grau de pulverização e o avanço gradativo com que ele ocorre, o desmatamento nessas proporções representa um grande desafio aos instrumentos tradicionais de controle e monitoramento.

Por essa razão, o ajuste de conduta dos produtores beneficiados pelo projeto, que ficariam impedidos de desmatarem suas propriedades, representaria uma importante fonte de economia de gastos para o Estado.

Para quantificar tal resultado, utilizamos como indicador a área total preservada existente nas 160 propriedades selecionadas, acrescida dos 320 hectares de SAFs que seriam implantados com o projeto. Mais uma vez, diante da inexistência de dados relativos às propriedades que seriam selecionadas, utilizamos aqui como modelo as propriedades já integradas à cadeia da Peixes da Amazônia, cujos dados já eram conhecidos. Nesse universo de referência, as propriedades dos piscicultores tinham, em média, 20,2 hectares de área preservada, totalizando uma área de 3.232 hectares nas 160 propriedades beneficiadas pelo projeto analisado.

Para valorar as economias de gastos do poder público com preservação florestal, buscamos na literatura especializada alguma proxy capaz precificar o custo por serviços ambientais por hectare de floresta preservado. Em *Estudos e produção de subsídios técnicos para a construção de uma Política Nacional de Pagamento por Serviços Ambientais*, Young (2016, p. 27) afirma que um programa que remunerasse produtores rurais na região amazônica por serviços ambientais, a um valor de R$ 402,57/ano por hectare preservado, seria capaz de impedir o desmatamento de pelo menos 96% da área considerada. Em suma, esse valor correspondia ao custo de oportunidade da terra, ou seja, a quantia suficiente para forçar o produtor a renunciar ao desmatamento em áreas preservadas em suas propriedades.

Tabela 8.12 – Proxy 14.

	Indicador		Proxy
i	[Área total preservada]	x	[Custo de preservação]

8.7.4 ESTABELECIMENTO DOS RESULTADOS

Como pontuado anteriormente, o Guia SROI não estabelece nenhuma metodologia minimamente estruturada para o cálculo ou definição do contrafactual ou do *drop-off* (decaimento). Diante disso, para a presente análise SROI, para cada um dos dois parâmetros, estabelecemos quatro níveis de porcentagem a serem aplicados aos fluxos dos impactos valorados, a depender da sua materialidade e interdependência do projeto (contrafactual) e da sua perenidade no tempo (*drop-off*).

Para o contrafactual, definimos os níveis (0% - 25% - 50% - 100%), sendo o de 0% o de maior materialidade e dependência do projeto e o de 100% com materialidade nula ou nenhuma dependência do projeto para ocorrer. Já para o *drop-off*, cujo desconto é feito de modo exponencial, definiram-se os níveis (0% - 5% - 10% - 15%), sendo o 0% o mais perene e o de 15% o resultado menos perene possível.

Vale ressaltar que a atribuição de ambos os parâmetros a cada um dos resultados observados não fugiu ao arbítrio deste autor. No entanto, diante da ausência de uma metodologia de cálculo prescrita, procuramos estruturar a atribuição com base nos níveis acima expostos e no racional brevemente descritos nos comentários a seguir.

Tabela 8.13 – Parâmetros de estabelecimento de impacto.

Resultado	Contra-factual	Comentários	*Drop-off*	Comentários
Aumento do número de associados	0%	O aumento do número de cooperados já fora dimensionado tendo em vista exclusivamente o projeto de modernização.	15%	Com o passar do tempo, o projeto terá cada vez menos relevância no aumento do número do número de cooperados
Redução da inadimplência	0%	A redução da inadimplência já fora dimensionada tendo em vista exclusivamente o projeto de modernização.	10%	Com o passar do tempo o projeto terá menor relevância sobre a redução da inadimplência, no entanto, uma vez integrados à cadeia da empresa peixes da Amazônia, a partir do projeto, os piscicultores evitarão ficar em débito com a cooperativa.
Famílias capacitadas	0%	As famílias não teriam recebido a capacitação não fosse em virtude do projeto	n/a	Duração da capacitação já bem delimitada no fluxo de caixa (2 anos)
Aumento da produtividade	25%	Existe um aumento natural do aumento de produtividade, independente da execução do projeto de modernização.	10%	Regressivamente, com o passar do tempo, o projeto terá menor influência sobre o aumento de produtividade da piscicultura dos integrados
Renda dos SAFs	25%	Uma pequena parte dos piscicultores beneficiados poderia receber recursos do estado para implantação dos SAFs ainda que o presente projeto não se concretizasse	5%	O projeto terá menor influência sobre os SAFs com o passar do tempo dado que novas mudas poderão ser plantadas posteriormente, mas, ainda assim, terá sido determinante para a implantação dos 320 hectares iniciais
Valorização imobiliária dos imóveis reflorestados	25%	Uma pequena parte dos piscicultores beneficiados poderia receber recursos do estado para implantação dos SAFs ainda que o presente projeto não se concretizasse	n/a	A valorização imobiliária no fluxo de caixa é creditada uma única vez, no ano 1, uma vez que as mudas tenham sido plantadas.

Economia de gastos com reflorestamento	100%	A economia de gastos com reflorestamento é integralmente experimentada pelo Estado, que, independentemente da existência desse projeto, destinará recursos para a implantação dos SAFs	5%	-
Economia de gastos com preservação	25%	Uma pequena parte dos piscicultores beneficiados pelo projeto já são fornecedores da Peixes da Amazônia e, portanto, já têm suas áreas preservadas e monitoradas pela empresa	10%	Com o passar do tempo, o projeto terá cada vez menos relevância sobre o monitoramento e controle do desmatamento
Emissão de créditos de carbono	50%	Como a aplicação dos recursos para reflorestamento independe da realização deste projeto, os créditos de carbono correspondentes seriam emitidos de qualquer maneira.	15%	Com o passar do tempo, o projeto terá cada vez menos relevância sobre o a emissão de créditos de carbono, sobretudo se levado em conta o fato de o processo de emissão e comercialização poder levar alguns anos, além do posterior repasse dos recursos aos projetos responsáveis pela emissão.
Maior oferta de peixe fresco na região	25%	Existe um aumento natural do aumento de produtividade, independente da execução do projeto de modernização.	10%	Com o passar do tempo, o projeto terá cada vez menos relevância sobre o aumento de produtividade dos sistemas de piscicultura
Geração de empregos locais	0%	A geração de empregos diretos já fora dimensionada tendo em vista exclusivamente o projeto de modernização.	10%	Com o passar do tempo, o projeto terá cada vez menos relevância sobre a geração de empregos diretos, dada redução das atividades de gestão do projeto e a progressiva assimilação das técnicas de aquicultura pelas famílias piscicultoras
Maior oferta de pescados da Amazônia em outras regiões	25%	Existe um aumento natural do aumento de produtividade, independente da execução do projeto de modernização.	10%	Com o passar do tempo, o projeto terá cada vez menos relevância sobre o aumento de produtividade dos sistemas de piscicultura

8.7.5 CÁLCULO DO SROI

Aplicados os parâmetros de estabelecimento de impacto, o contrafactual e o *drop-off*, chega-se, enfim, ao fluxo de caixa dos resultados sociais e ambientais do projeto ao longo dos anos. Nesse caso, como orienta o Guia SROI, foi utilizada a taxa de desconto correspondente à taxa básica de juros operante no Brasil àquela época, 7,5% a.a.

Descontado o fluxo, obtém-se Valor Social Presente do projeto (VSP). A razão entre o VSP e o investimento corresponderá ao SROI do projeto.

Tabela 8.14 – Cálculo SROI.

Investimento (entradas) = R$ 29.592.633	**SROI**
Valor social presente (VSP) = R$ 83.288.084	2,8
Valor social presente líquido (VSPL) = R$ 53.695.451	

8.7.6 RESULTADOS

A razão SROI equivalente a 1:2,8 significa, em outras palavras, que, para cada unidade monetária aplicada nesse projeto como investimento, haveria a geração de 2,8 unidades monetárias em impactos sociais e ambientais.

Há de se ter em mente, por outro lado, que, em última instância, o SROI é uma ferramenta que não apenas permite, mas é voltada à comparação entre diferentes projetos de investimento, a ser empregada por investidores que objetivem retornos sociais e ambientais. De posse desse número, pelo menos no campo teórico, temos a informação de que se trata de um projeto socialmente viável na medida em que o indicador é superior a zero. Por outro lado, para se ter uma noção da sua performance social e ambiental, decidimos compará-lo com outros projetos, com os quais eventualmente ele possa vir a concorrer por investimentos no mercado financeiro de impacto. Para tanto, efetuamos uma nova pesquisa bibliográfica na base de dados da *Social Value UK*, principal auditora de projetos SROI no mundo.

Tendo em vista que a grande maioria dos investidores de impacto têm seu portfólio e tendem prospectar novos investimentos dentro de um escopo temático, é compreensível realizar o *benchmark* do projeto aqui analisado também de modo temático, com o universo dos projetos pertencentes a cada um dos temas com os quais ele se relaciona. Com isso, para cada um dos três temas anteriormente mencionados, levantamos a quantidade, a média SROI e o desvio padrão dos projetos auditados pela *Social Value UK*. As informações seguem na Tabela 8.15.

Tabela 8.15 – *Benchmark* dos projetos SROI.

Projetos	Média SROI	Desvio Padrão	Quantidade
Pobreza e Baixa Renda	3,5	1,9	28
Desenvolvimento Econômico Local	1,9	1,6	21
Meio Ambiente	3,0	2,2	21
Modernização da Piscicultura & Reflorestamento Produtivo	SROI = 2,8		

Com base nos dados levantados, verificamos que o SROI do projeto aqui analisado está na mesma ordem de grandeza dos projetos auditados com os quais ele se relaciona, podendo, eventualmente, concorrer em uma disputa por capital.

Há de se ressaltar, no entanto, que o SROI não é, e nem se propõe a ser, uma ferramenta autossuficiente na análise financeira de projetos. Trata-se muito mais de uma maneira de se demonstrarem e se valorarem os impactos por eles gerados. Um investidor de impacto que se preocupe com a sustentabilidade financeira do seu investimento também deverá considerar as ferramentas tradicionais de análise financeira de projetos.

Com isso, cabe torcer para que, num futuro próximo, quando empreendedores e empresas se lançarem no mercado em busca de capital para seus projetos, seja dentro ou fora do campo de investimentos de impacto, já seja mais que natural que aos investidores sejam apresentados não apenas o conceito do projeto e seu estudo de viabilidade econômico-financeira, mas também uma descrição estruturada e consistente a respeito dos impactos sociais e ambientais decorrentes de suas atividades, a exemplo do SROI.

A guisa de conclusões

BARREIRAS AO INVESTIMENTO ESG

Ao longo da obra, foram analisadas diferentes estratégias e produtos *ESG Investing* negociados no mercado financeiro brasileiro, analisando sua disponibilidade para os investidores. Esta seção tem como objetivo descrever alguns obstáculos que limitam a adoção de técnicas de investimento ESG. As barreiras identificadas para o investimento ESG são:

a) A inconsistência das definições ESG.

b) A incompatibilidade entre os retornos de curto prazo solicitados pelos investidores e os resultados de longo prazo proporcionados pelos investimentos ESG.

c) As dificuldades para fornecer produtos amigáveis ESG para investidores potenciais.

d) A falta de informações não financeiras confiáveis.

É importante notar que alguns desses obstáculos podem ser enfrentados com o envolvimento de autoridades e reguladores do mercado, mas os agentes financeiros são os únicos responsáveis pela elaboração de estratégias para superar outras, como treinar seu departamento de vendas para atender a demanda e oferta de Produtos compatíveis com ESG.

Em 2018, o HSBC entrevistou 863 emissores e 868 investidores em todo o mundo para determinar as tendências futuras do *ESG Investing.* Entre o total de 1.731 respondentes, 66,6% dos emissores e 57,1% dos investidores sustentaram que não há barreiras para aumentar seus compromissos ESG (HSBC, 2018).

No entanto, a pesquisa também mostrou alguns obstáculos para o Investimento ESG de acordo com duas perspectivas diferentes que nem sempre estiveram alinhadas. As barreiras para aumentar o comprometimento ASG encontradas pelo HSBC estão disponíveis na Tabela 9.1.

Tabela 9.1 – *Barriers to Increasing ESG Commitment.*

Barreiras ao aumento do comprometimento ESG	Emissor	Investidor
Inconsistência nas definições ESG	72,8%	57,8%
Falta de divulgação	69,7%	62,7%
Falta de demanda / oportunidade	25,0%	78,3%
Fraco desempenho financeiro relativo	60,1%	41,8%

Esses resultados evidenciaram uma lacuna existente entre os pontos de vista do emissor e do investidor: enquanto os investidores reclamam da falta de oportunidades de investimento ESG, a demanda crescente não é capturada pelos emissores.

Para preencher essa lacuna, os distribuidores financeiros devem ser treinados para oferecer instrumentos amigáveis ESG a investidores potenciais, explicando suas diferenças em relação aos produtos de investimento tradicionais, como os fluxos de valor adicionais apresentados na Seção 4.1.1.

INCONSISTÊNCIA DAS DEFINIÇÕES ESG

Conforme dito anteriormente, o *ESG Investing* é um conceito recente que considera dados não financeiros na análise de opções de investimento com o objetivo de maximizar o retorno de longo prazo. Portanto, ao adotar estratégias de investimento ESG, os investidores podem desfrutar de melhores retornos e riscos mais baixos derivados de vantagens competitivas que as empresas com práticas amigáveis ESG exploram, como melhor custo-benefício operacional, imagem de marca aprimorada, riscos específicos da empresa mais baixos e menor conformidade de riscos para regulamentações futuras.

No entanto, a adoção de uma abordagem de investimento ESG é constantemente confundida com filantropia e promoção da consciência social, que estão mais ligadas a técnicas de investimento de integração socialmente responsável (SRI) e investimento em organizações sem fins lucrativos. Para mitigar esse equívoco, as autoridades de mercado poderiam definir oficialmente o que é Investimento ESG, por meio de instrumentos de certificação alinhados a essa abordagem de investimento, assim como os distribuidores financeiros poderiam educar sua força de trabalho para explicar melhor as características dos produtos ESG a investidores potenciais.

HORIZONTES DE INVESTIMENTO / COMBINAR A OFERTA E A DEMANDA

Nos mercados de capitais há um descompasso comum entre os horizontes de investimento que cria uma séria barreira para a aceitação de estratégias de investimento ESG. Os investidores são, em geral, impacientes e focados em resultados imediatos, enquanto as práticas ESG são orientadas para o longo prazo.

Portanto, às vezes as conclusões sobre se o investimento apresentou resultados positivos ou não são baseadas em suposições e julgamentos errados. Leva-se tempo para medir as reais vantagens do *ESG Investing* e isso deve ser explicado aos investidores desde o início.

Além disso, pode surgir um problema comum do agente principal, porque o esquema de remuneração dos gestores de ativos é frequentemente baseado nos resultados entregues no curto prazo, enquanto os investidores procuram um melhor desempenho no longo prazo.

Para mitigar esse problema, estruturas de remuneração que promovam resultados de longo prazo devem ser apoiadas por gestores de recursos e investidores, que devem levar esse aspecto em consideração ao determinar onde investir.

FALTA DE INFORMAÇÕES NÃO FINANCEIRAS CONFIÁVEIS

Outro grande desafio para a adoção de técnicas de investimento ESG é a falta de informações não financeiras classificadas. No Brasil, as empresas listadas em qualquer segmento da Bolsa de Valores de São Paulo (B3 – Bovespa) não são obrigadas a informar suas práticas sustentáveis ao mercado a partir de 2019, enquanto a Ernst & Young concluiu que os investidores institucionais buscam relatórios que atestem práticas ESG das empresas (ERNST & YOUNG, 2017). Portanto, informes públicos divulgam relatórios de sustentabilidade e esses documentos recebem com a falta de padronização. Como não há uma estrutura regulatória oficial orientando a divulgação de dados ESG, os números podem ser previamente manipulados e os números relatados nem sempre são comparáveis.

Isso representa um problema não apenas para os investidores, que são incapazes de fazer comparações e análises de mercado antes da seleção de ações, mas também para as empresas, que geralmente usam os dados dos concorrentes para avaliar suas ações e resultados (SERAFEIM & IOANNOU, 2011).

Esse contexto, no entanto, tende a ser alterado em um futuro de curto prazo, pois desde 2017 a B3 realiza uma pesquisa anual com todas as empresas públicas denominada *Relate ou Explique para os 17 ODS* (Relate ou Explique para os Objetivos de Desenvolvimento Sustentável) no qual estimula se as empresas listadas divulgam dados não financeiros ao mercado e estimula a divulgação de relatórios de sustentabilidade.[1] Em 2018, aproximadamente 26% do total de 437 empresas listadas na bolsa de valores elaborou relatórios de sustentabilidade, levando em consideração as ODS das Nações Unidas.

No entanto, a criação dessa atividade parece ser apenas um ponto de partida para uma melhor divulgação de dados não financeiros. Por um lado, a pesquisa pressiona as empresas listadas a divulgarem relatórios de sustentabilidade, mas não impõe diretrizes específicas de relato, consequentemente, os relatórios de sustentabilidade divulgados ao mercado ainda não são uniformes e comparáveis.

Tendo em vista o histórico de crescente comprometimento de governos e instituições supranacionais com o desenvolvimento sustentável, o próprio incentivo à divulgação de práticas sustentáveis ao mercado pode sinalizar a evolução dessa medida voluntária para uma exigência nos próximos anos.

Essa transformação pode ser endossada por empresas que atuam em setores sensíveis, ou seja, aqueles com maior probabilidade de causar externalidades negativas ao meio ambiente ou à sociedade. De acordo com um estudo publicado no *Journal of Cleaner Production*, indústrias sensíveis produzem melhor desempenho ESG em mercados emergentes, porque estão mais preocupadas com sua própria reputação e imagem de marca.

Portanto, dado o risco relacionado à natureza do negócio, empresas em setores sensíveis são geralmente mais propensas a relatar informações não financeiras, evitando fontes adicionais de risco e atraindo mais financiadores (GARCIA et al., 2017).

No Brasil, o mercado se mostrou interessado nas práticas ambientais realizadas pelas empresas, evidenciando uma preocupação generalizada com a questão ambiental, o que já se reflete nos preços das ações de todos os setores. Em contrapartida, o mercado valoriza positivamente as práticas sociais e de governança corporativa tomadas apenas por setores sensíveis, sugerindo que a divulgação dessa informação inesperada é o que realmente diferencia essas empresas (MIRALLES-QUIRÓS et al., 2018).

Para estudar os determinantes da divulgação não financeira voluntária por empresas latino-americanas, Duran & Rodrigo (2018) testaram oito fatores apoiados pela literatura em uma amostra de 643 empresas, incluindo 133 organizações brasileiras, por um período de 10 anos (2006/2015).

Usando uma análise de regressão de painel logit, os autores indicaram que o tamanho da empresa, o índice *market-to-book*, o risco sistemático e a indústria são determinantes positivos para relatar informações não financeiras. Por outro lado, a lucratividade e a qualidade regulatória afetam inversamente a disposição corporativa de divulgar dados ESG. Os resultados desta pesquisa estão ilustrados na Tabela 9.2.

---

1 B3 – Bolsa de Valores Bovespa. [Conectados]. [Acesso: 30 de abril de 2019]. http://www.b3.com.br/pt_br/b3/sustentabilidade/nas-empresas/relate-ou-explique/

Tabela 9.2 – Fatores para relatar voluntariamente dados não financeiros.

Fator	Mecanismos e racional	Resultados
Tamanho da empresa	Maior visibilidade e sujeita à pressão externa de partes interessadas; maior quantidade de interações levam a uma maior dependência de partes interessadas; promovem maior impacto no meio ambiente e na sociedade	Positivo
Razão *Book-to-market*	Proxy para assimetrias de informação que podem ser resolvidas por divulgação de dados não financeiros	Positivo
Risco sistemático	As empresas mais arriscadas estão focadas na mídia e têm o incentivo de sinalizar para uma melhor imagem pública	Positivo
Indústria	Indústrias sensíveis estão mais sujeitas a escrutínio.	Positivo
Lucratividade	Recursos maiores disponíveis para relatar voluntariamente mais dados; Executivos são habilidosos o suficiente para lidar com múltiplas responsabilidades	Negativo
Regulação	A interferência política afeta a divulgação ESG, garantindo que a empresa seja adequadamente administrada e evitando influência governamental ou retaliação	Negativo
Alavancagem	Empresas altamente alavancadas sofrem demandas de divulgação não financeira de credores, que podem usar dados ESG para avaliar riscos. Como resposta, as empresas relatam dados não financeiros para reduzir o custo de capital.	Inconclusivo
Nível de internacionalização	As partes interessadas estrangeiras podem pressionar as empresas a se envolverem em divulgação não financeira. Os relatórios voluntários podem ser usados como uma ferramenta para apresentar as empresas como bons cidadãos corporativos internacionalmente, suavizando sua entrada em novos mercados	Inconclusivo

Fonte: Duran & Rodrigo (2018)

Os resultados encontrados por Duran & Rodrigo (2018) verificaram que em 2015 os dados não financeiros já eram demandados por alguns *stakeholders*. No entanto, considerando o rápido crescimento do *ESG Investing* evidenciado nos últimos anos, as empresas tendem a sofrer uma maior demanda de grupos que buscam informações.

Considerando o contexto brasileiro, as empresas provavelmente sofrerão maior pressão de diferentes públicos nos próximos anos. As autoridades do mercado apoiam as empresas a divulgar informações não financeiras e sinalizam para fazer cumprir essa prática com a criação de pesquisas de conformidade ou explicação, enquanto o *ESG Investing* está surgindo como uma abordagem de investimento alternativa, cujos adotantes estão sintonizados com os dados não financeiros.

A partir de todas as análises anteriores pode-se constatar que as empresas com boas práticas ESG exploram fluxos de valor adicionais, como: melhor custo-benefício operacional, imagem de marca aprimorada, menores riscos específicos da empresa e menores riscos de conformidade com regulamentações futuras. No entanto, essas características não são consideradas pelos investidores tradicionais, que avaliam as empresas-alvo analisando exclusivamente sua estratégia, demonstrações financeiras usuais e o contexto em que as organizações estão inseridas.

Ao adotar uma abordagem de investimento ESG, os investidores podem ter melhores retornos ajustados ao risco em suas carteiras, porque o compromisso com as boas práticas ESG tende a afetar positivamente os modelos de avaliação, aumentando os fluxos de caixa esperados enquanto reduz o custo de capital, que está diretamente ligado à mitigação de risco.

Nesse sentido, alguns investidores estão começando a considerar dados não financeiros para avaliar as metas potenciais e o compromisso com o ESG Investing está aumentando globalmente, conforme refletido pelo número crescente de instituições financeiras que decidiram voluntariamente assinar os Princípios para Investimento Responsável (PRI, 2018) mostrado na Figura 9.1.

Figura 9.1 – *Principles of Responsible Investing Signatories.*

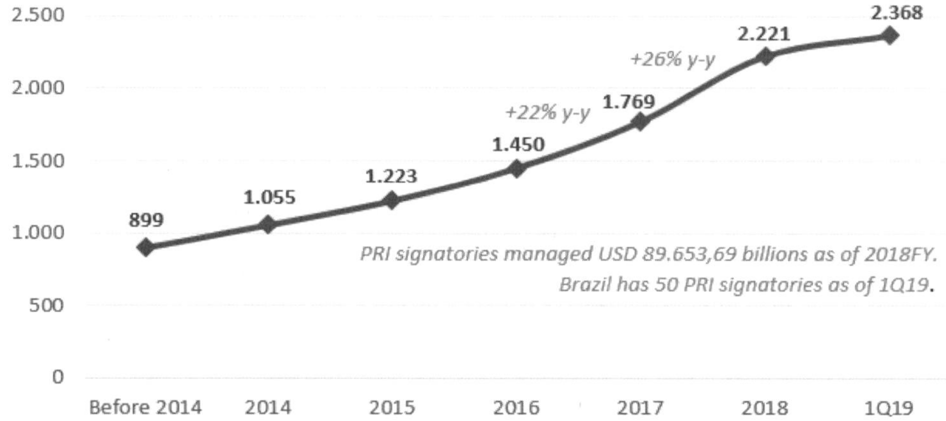

Fonte: PRI, 2018.

O PRI é uma iniciativa privada criada por um grupo internacional de investidores institucionais em parceria com a *UNEP Finance Initiative* e o *United Nations Global Compact*, que apoiam a adoção de seis princípios orientadores que fomentam a adoção de abordagens de investimento ESG.

Portanto, seus signatários se comprometem publicamente a alinhar suas estratégias de investimento aos interesses mais amplos da sociedade, contribuindo para o desenvolvimento de um sistema financeiro global mais sustentável.[2]

Mesmo que isso não signifique que todos os ativos gerenciados pelos signatários do PRI sejam investidos de acordo com as técnicas ESG, o número crescente de membros reforça a tendência de que as preocupações com os princípios ESG estão se tornando mais generalizadas em todo o mundo e sinalizam que os agentes financeiros estão avaliando novas abordagens de investimento, que podem fornecer melhores resultados econômicos, sociais e ambientais.

Além disso, os fluxos de valor adicional ESG tendem a ser intensificados em mercados emergentes, nos quais o risco específico do país está acima da média, como no caso do Brasil. De acordo com uma pesquisa realizada pela BlackRock, o *ESG Investing* historicamente apresentou melhores resultados quando aplicado em países subdesenvolvidos, conforme mostrado na Tabela 15 (BLACKROCK, 2018).

Tabela 9.3 – Performance ESG no mundo.

	EUA		Mundo		Mercados	
	Tradicional	ESG	Tradicional (ex. EUA)	ESG	Tradicional	Emergentes ESG
Retorno anualizado	15,8%	15,8%	10,5%	11,1%	7,8%	9,1%
Volatilidade	9,5%	9,6%	11,4%	11,6%	14,4%	14,3%
Sharpe Ratio	1,62	1,60	0,88	0,92	0,51	0,61
Max Drawdown mensal	-13,9%	-13,8%	-23,3%	-22,6%	-35,2%	-33,0%
Redimento Dividendos	2,10%	2,10%	3,20%	3,20%	2,70%	2,80%
Número de Ações	620	293	1.011	419	831	288

No entanto, a adoção de técnicas de *ESG Investing* é atualmente restrita no Brasil, onde poucos fundos consideram aspectos não financeiros para avaliar potenciais alvos, adotando uma postura de investimento de impacto.

É importante notar *que investimento de impacto e investimento ESG são conceitos diferentes,* pois o primeiro considera que o impacto social ou ambiental causado pelas

2 37 Principles of Responsible Investment. [Online]. [Access: May 02, 2019]. https://www.unpri.org/pri/what-are- the-principles-for-responsible-investment

empresas é mais importante do que os resultados financeiros proporcionados, enquanto o segundo acredita que as empresas com boas práticas ESG exploram vantagens competitivas que impulsionarão seu desempenho e fornecem resultados não financeiros positivos como uma consequência secundária.

É de suma importância destacar o fato de que os fundos exclusivos de investimento de impacto existentes no Brasil ainda estão em processo de construção *(ramp up)* e não representam *players* relevantes em termos de ativos administrados. Por outro lado, os instrumentos de dívida amigáveis ESG mostraram resultados positivos em termos de aceitação do mercado e importância regional. Levando isso em consideração, os títulos verdes podem representar os instrumentos norteadores da consolidação da *ESG Investing* no Brasil.

De uma forma geral, pode-se inferir que, no caso brasileiro, os resultados mais consistentes dos Investimentos ESG ainda não são plenamente visíveis e vão depender da forma como o governo central se posiciona em um espectro de baixo a alto compromisso futuro com o desenvolvimento sustentável.

Os efeitos da posição do governo já podiam ser evidenciados ao analisar a quantidade de títulos verdes emitidos em 2018, que foi significativamente menor do que no ano anterior, devido à atitude do atual presidente da república em relação ao *Acordo de Paris* durante sua campanha presidencial e, mais recentemente, pela postura de indiferença diante das ameaças de degradação ambiental nas regiões da Amazônia e do Pantanal.

Por outro lado, ainda, todo esse cenário desfavorável, acrescido pela crise da pandemia de Covid-19, aponta para uma sensível redução do nível de confiança dos investidores estrangeiros no Brasil. Dados recentes indicam uma contração recorde de 62% na atração de investimentos (nível mais baixo nas últimas duas décadas, de 2000 e 2010) por conta da ineficácia do governo em controlar a pandemia de Covid-19 e diante das incertezas sobre os destinos econômicos e políticos do país, o que agrava ainda mais o isolamento brasileiro no cenário internacional.

Segundo a Conferência das Nações Unidas sobre Comércio e Desenvolvimento (UCTAD), o Brasil recebeu US$ 24,8 bilhões em investimentos diretos em 2020, contra US$ 65 bilhões em 2019. Tal resultado implica que o Brasil perdeu espaço entre os principais destinos dos investimentos diretos, tendo sido superado por Suécia, Alemanha, Índia e Luxemburgo e, na América Latina, foi ultrapassado pelo México.

Consequência direta dessa situação pode ser expressa no fato de que a economia brasileira despencou no ranking da ONU daquelas que mais receberam recursos externos em 2020. Para a entidade, há uma correlação entre a falta de medidas sociais de controle do vírus de Covid-19 e o impacto econômico. Em 2019, a economia brasileira ocupava a sexta posição no ranking da ONU de atração de investimentos no mundo; o país, porém, terminou o ano de 2020 apenas como o 11º maior beneficiário e perdeu até mesmo a liderança na América Latina (FSP, 21/6/2021).

No contexto mundial, os números globais revelam que nem todos os países sofreram uma retração da mesma proporção do Brasil, nesse período (2020 em relação à

2019). Em média, a queda nos investimentos diretos no mundo foi da ordem de 35% e atingindo um total de US$ 1 trilhão. Nos países ricos, a contração chegou a 58%, ainda assim, abaixo da queda verificada na economia brasileira.

Se comparada à situação dos países emergentes, a situação do Brasil também é desfavorável: os emergentes sofreram uma retração de apenas 8% nos investimentos. A região da Ásia (primeira se recuperar da pandemia de Covid-19) chegou a registrar uma alta de 4% no fluxo e hoje representa 50% de todo o destino dos investimentos globais. A previsão para 2021 é de que haverá uma leve recuperação no fluxo global, entre 10 e 15%. O ranking é liderado pelos Estados Unidos da América, seguido por China, Hong Kong, Cingapura e Índia. Tanto Pequim como Nova Déli registraram uma alta no fluxo de investimentos nesse período (FSP, 21/6/2021).

Recentes projeções da ONU apontam que, de fato, a recuperação latino-americana não será fácil. A região está sendo afetada de forma intensa pela pandemia de Covid-19, e sua recuperação pode ficar atrás da de outras regiões do mundo. Ainda que as medidas fiscais e monetárias sejam adotadas tendo em vista maiores estímulos para a recuperação econômica da região e que as campanhas de vacinação evoluam mais rapidamente, o que se espera é que os investimentos externos se recuperem ao seu nível pré-crise somente após o ano de 2023. Por outro lado, ainda, as medidas de estímulo fiscal nos Estados Unidos devem propiciar algum impulso às economias latino-americanas, por meio do comércio e das remessas de capitais, mas a incerteza política é alta, com eleições gerais programadas para 2021 e 2022 em várias das principais economias receptoras de Investimentos Diretos do Exterior (IDE), incluindo as do Chile, Colômbia e Brasil), aponta a ONU.

Ainda que as perspectivas no curto prazo não sejam favoráveis a uma retomada consistente dos investimentos diretos, pode-se constatar que tal retomada deverá sinalizar para uma mudança no perfil desses investimentos, com forte tendência para aqueles orientados pelas boas práticas ESG. Segundo pesquisa da PWC de 2020, cerca de 77% dos investidores planejam evitar aquisições de produtos financeiros que não sejam compatíveis com os aspectos ESG até 2022 (VOX CAPITAL, JUN./2021). Segundo dados de um relatório da BlackRock, 94% dos produtos financeiros que são aderentes aos princípios ESG apresentaram desempenho superior comparativamente aos produtos tradicionais no primeiro trimestre de 2020.

Embora cresça em ritmo acelerado, o mercado dos investimentos de impacto – como os praticados pela VOX – ainda é menor que o seu primo ESG. Enquanto o GIIN estima que este primeiro seja de U$ 502 bi, estimativas da *Global Sustainable Investment Alliance* de 2020 apontam que o mercado ESG já atinja cerca de US$ 31 trilhões (em 2020), ou cerca de 36% de todos os ativos sob gestão no mundo. E o Brasil também tem sido terreno fértil para essas ideias: 2020 foi um ano recheado de lançamento de produtos ESG, focados em temas que vão de energia solar à igualdade de gênero, e 2021 tem seguido o ritmo. São pelo menos 40 fundos e ETFs ESG brasileiros, segundo o Valor, e 740 *startups* atuando com esse recorte, segundo relatório da Distrito (VOX CAPITAL, JUN./2021).

Pode-se elencar algumas ações e projetos que deverão merecer maior atenção do ponto de vista dos investimentos nos moldes ESG. Na área ambiental, todo o conjunto de atitudes e ações visando um uso mais racional dos recursos naturais, como aquelas destinadas à reutilização, reciclagem, redução de consumo de matérias-primas virgens e remanufatura nos processos de produção industrial. Alinhados a tudo isso, deverá se aprofundar a atenção ao tratamento dos resíduos sólidos, à gestão racional dos produtos químicos tóxicos e dos rejeitos perigosos. Além disso, os projetos ligados à biodiversidade e à bioeconomia deverão ganhar maior destaque por parte tanto das políticas públicas, como também por parte das estratégias corporativas. Processos produtivos que visem minimizar desperdícios de todo o tipo de insumos (materiais, energia e água), alinhados à busca de maior eficiência energética também deverão ser adotados com maior intensidade.

Na esfera social os investimentos deverão se voltar para a busca da melhoria das condições de vida das populações mais carentes e marginalizadas. Políticas públicas e estratégias empresariais que se destinem à maior inclusão social e valorização da diversidade também já estão no radar dos investimentos ESG. Já no mundo do trabalho, medidas que objetivem a melhoria nas relações e nas condições de trabalho também deverão ganhar destaque. Ainda no âmbito interno das organizações, deverão crescer as preocupações com a privacidade e a segurança dos dados pessoais, tanto dos funcionários como dos clientes (como, à propósito, já previsto na legislação brasileira com a Lei Geral de Proteção de Dados – LGPD). Maiores investimentos das empresas nas comunidades nas quais elas estão inseridas também estão no radar dos investimentos de caráter social.

Na dimensão da governança das organizações podem-se destacar as ações relativas ao maior *complience*, preservação da independência dos conselhos gestores, com a adoção de critérios de diversidade na escolha dos seus membros, com a adoção de condutas ética e de combate à corrupção com transparência fiscal.

Em especial, no contexto da pandemia de Covid-19, cabe um destaque especial aos investimentos na área da saúde que contemplem projetos e ações de proteção e fomento da saúde humana. Um dos principais pilares que deverá ser objeto de maior atenção tanto do ponto de vista de políticas públicas como dos projetos privados é o chamado Complexo Industrial da Saúde (CIS). Tal complexo envolve uma imensa e variada gama de atividades e de setores da economia, que passam pela fabricação de equipamentos, remédios, vacinas, hemoderivados, reagentes, respiradores pulmonares, kits de extração automatizada para laboratórios, testes, equipamentos de proteção individual para profissionais de saúde dentre muitas outras coisas, além da própria rede prestadora de serviços correlatos ao atendimento da população. De uma maneira geral, a pandemia revelou as fragilidades das cadeias globais de produção vinculadas a esse complexo industrial. Além das vacinas, faltaram também fornecedores de testes rápidos, de aparelhos de respiração artificial e até de artigos mais simples como máscaras, aventais e luvas.

Fato evidente nestes tempos recentes é que a pandemia de Covid-19 tenha gerado um choque de demanda que abalou o mundo inteiro. Em particular, no Brasil ela se deparou com uma indústria praticamente despreparada para atender a esse rápido crescimento da demanda. Exemplo desse contexto é o da indústria de ventiladores mecânicos. O Brasil chegou a ter uma forte indústria nesse segmento nos anos 1980 e ensaiou reconstruir nos anos 2000; mas, por falta de investimentos, sobraram apenas 4 empresas, que hoje não conseguem atender nem 20% das necessidades nacionais, segundo Carlos Gadelha da Fundação Oswaldo Cruz.

Pensando numa perspectiva que vá além do contexto atual dos desafios epidemiológicos para a saúde pública brasileira, essa indústria responde em média (nos últimos anos) por 8% do PIB brasileiro (BNDES, 2016). Entre 2010 e 2019 o CIS foi responsável por mais de US$ 92 bilhões em importações. No ano passado, o saldo negativo foi de US$ 8,3 bilhões e até março de 2020 já se acumulava um déficit de quase US$ 2,2 bilhões.

Outro aspecto de vital importância refere-se ao fato de que o CIS possui algumas características peculiares: emprega mão de obra qualificada, composta fundamentalmente por pessoas de nível médio e superior (médicos, enfermeiros, farmacêuticos e outros profissionais de saúde) e mobiliza uma ampla cadeia produtiva de bens de alto valor agregado, constituindo-se em um polo singular gerador e difusor de novos conhecimentos.

Por outro lado, constata-se também que tal efervescência por esse tipo de investimentos levante algum tipo de desconfiança e comece a ser recorrente referências aos termos como *socialwashing* e *greenwashing* ("maquiagem ambiental" e "maquiagem social", em uma tradução livre), usados para se referir às práticas de empresas que não têm compromissos reais e relevantes com as mais urgentes e relevantes causas sociais ou ambientais, buscando apenas tirar proveito de algumas ações pouco consequentes para a melhoria de sua imagem e ganhos de marketing institucional. Porém, a responsabilidade de conduzir o assunto da forma correta está na mão da liderança das empresas e instituições financeiras.

Finalmente vale a pena salientar que, apesar da existência de alguns índices referentes a aspectos isolados – como o Índice de Governança Corporativa (IGCT), o Índice Carbono Eficiente (ICO2), além dos índices das bolsas de valores –, ainda não há uma entidade que seja oficialmente responsável pelo selo ou certificado ESG. Trata-se, assim, de um mercado a ser desenvolvido pelas instituições e pelos empreendedores.

Em síntese, buscou-se apresentar e discutir neste livro as possibilidades e tendências de um mercado potencial para investimento ESG, uma vez que fluxos de valor adicionais explorados por empresas amigáveis aos investimentos ESG são aprimorados pelas características daquele país específico.

Procurou-se mostrar também que, apesar do comprometimento restrito com as técnicas de investimento ESG, as empresas listadas com melhores práticas ESG tendem a atrair mais investimentos em seus respectivos mercados. Além disso, as autoridades locais têm, historicamente, sinalizado preocupações com questões sociais e ambientais, que provavelmente levarão, em um futuro próximo, à adoção de regulamentação que intensificará as vantagens competitivas das empresas aderentes aos investimentos ESG. Portanto, pode-se concluir que as perspectivas de crescimento dos investimentos ESG parecem ser muito promissoras no Brasil.

Referências

ABC NEWS. **ABC News**, 23 March 2018. Disponível em:

https://abcnews.go.com/International/great-pacific-garbage-patch-massive-floating--island- plastic/story?id=53962147.

ANDE. **The impact investing landscape in Latin America**. Aspen Network of Development Entrepeneurs. *[S.l.]*, p. 141. 2016.

ANDE. **Investimentos de Impacto na América Latina**. Aspen Network of Development Entrepeneurs. *[S.l.]*, p. 39. 2020.

B CORPORATION. About B Corps. **B Corporation**. Disponível em: https://bcorporation.net/about-b-corps.

B3 - BOVESPA STOCK EXCHANGE. Sustainability. **B3 - Bovespa Stock Exchange**. Disponível em: http://www.b3.com.br/pt_br/b3/sustentabilidade/nas-empresas/relate-ou- explique/.

B3 STOCK EXCHANGE. Products and Services. **B3 Stock Exchange**. Disponível em: http://www.b3.com.br/pt_br/produtos-e-servicos/negociacao/renda-variavel/fundos--de- investimento-em-participacoes-fip.htm.

BATTILANA, J. et al. The Dual-Purpose Playbook. **Harvard Business Review**, p. 124-133, 2019.

BBC. **BBC**, 5 November 2015. Disponível em: https://www.bbc.com/news/world-latin- america-34772319.

BBC BRAZIL. **BBC Brazil**, 29 March 2001. Disponível em: https://www.bbc.com/portuguese/noticias/2001/010329_usaclimate.shtml.

BLACKROCK. **Sustainable Investing: a "Why-Not" Moment**. *[S.l.]*. 2018.

BLACKROCK. Introduction to BlackRock. **BlackRock**. Disponível em: https://www.blackrock.com/sg/en/introduction-to-blackrock.

BORZAGA, C.; DEFOURNY, J. **The Emergence of Social Enterprise**. London and New York: Routledge, 2001.

BRANDÃO, D.; CRUZ, C.; ARIDA, A. **Métricas em negócios de impacto social: fundamentos**. Move. São Paulo, p. 15. 2015.

BRANDENBURG, M. Impact Investing's Three Measurement Tools. **Stanford Social Innovation Review**, Stanford, 03 out. 2012.

BRAZILIAN INSTITUTE OF GEOGRAPHY AND STATISTICS (IBGE). Agência de Notícias. **Brazilian Institute of Geography and Statistics (IBGE)**, 28 February 2019. Disponível em: https://agenciadenoticias.ibge.gov.br/agencia-sala-de-imprensa/2013-agencia-de-noticias/releases/23886-pib-cresce-1-1-em-2018-e-fecha-ano-em-r-6-8-trilhoes.

BRUGMANN, J.; PRAHALAD, C. K. Co-creating business's new social compact. **Harvard Business Review**, v. v.85, p. 80-90, 2007.

CECHIN, A.; VEIGA, J. E. D. A Economia Ecológica e Evolucionária de Georgescu--Roegen. **Revista de Economia Política**, v. vol. 30, nº3, p. 438-454, 2010.

CECHIN, A.; VEIGA, J. E. D. O fundamento central da economia ecológica. In: MAY, P. H.; LUSTOSA, M. C.; VINHA, V. D. **Economia do Meio Ambiente**. Rio de Janeiro: Elsevier/Campus, 2010. p. 33-48.

CENTRAL BANK OF BRAZIL. **Central Bank of Brazil**. Disponível em: https://www.bcb.gov.br/controleinflacao/historicotaxasjuros.

CENTRAL BANK OF BRAZIL. **Relatório de Economia Brasiliera**. *[S.l.]*. 2018.

CFA INSTITUTE. **Global Perception Environmental, Social and Governance Issues in Investing**. *[S.l.]*. 2017.

CIMATE BONDS INITIATIVE. **Green Bonds: The State of the Market 2018**. *[S.l.]*. 2018.

CIMATE BONDS INITIATIVE. **Bonds and Climate Change**. *[S.l.]*.

CIRAIG (INTERNATIONAL REFERENCE CENTRE FO THE LIFE CYCLE OF PRODUCTS PROCESSES AND SERVICES). **Circular Economy: a Critical Literature Review of Concepts**. Canada, Montreal. 2015.

CLIMATE BONDS INITIATIVE. About Us. **Climate Bonds Initiative**. Disponível em: https://www.climatebonds.net/about.

CLIMATE CHANGE NEWS. **Climate Change News**, 08 October 2018. Disponível em: https://www.climatechangenews.com/2018/10/08/bolsonaro-made-grim-threats--amazon- people/.

COM (EUROPEAN COMMISSION. **Towards a Circular Economy: a Zero Waste Programme for Europe**. Brussels. 2014.

COM (EUROPEAN COMMISSION). **Closing the Loop - an EU Action Plan for the Circular Economy**. Brussels. 2015.

COMINI, G.; BARKI, E.; AGUIAR, L. T. D. A three-pronged approach to social business: a Brazilian multi-case analysis. **Revista de Administração**, São Paulo, v. v.47, n.3, p. 385-397, 2012.

DALY, H. **Steady-state economics**. Washington, D. C.: Island Press, 1991.

DELOITTE. **Pesquisa de Intermediários do Ecossistema de Finanças Sociais e Negócios de impacto**. Força Tarefa de Finanças Sociais. *[S.l.]*, p. 52. 2015.

DIN4MO INOVADORES DE IMPACTO. **Din4mo Inovadores de Impacto**, 09 June 2018. Disponível em: http://din4mo.com/alianca-entre-din4mo-e-grupo-gaia-viabiliza-o- surgimento-da-primeira-debenture-de-impacto-social-no-brasil/.

DURAN, I. J.; RODRIGO, P. Why Do Firms in Emerging Markets Report? A Stakeholder Theory Approach to Study the Determinants of Non-Financial Disclosure in Latin America. **Sustainability**, p. 10, 3111, 2018.

ECONOMIA circular. In: Economia circular. [S. l.]: The Ellen MacArthur Foundation, 2021. Disponível em: https://www.ellenmacarthurfoundation.org/pt/economia--circular/diagrama-sistemico. Acesso em: 1 mar. 2021

ELKINGTON, J. Towards the Sustainable Corporation: Win-Win-Win Business Strategiesfor the Sustainable Development. **California Management Review**, v. no. 2, p. 90-100, 1994.

ELKINGTON, J. **Cannibals woth Forks:** The Triple Bottom Line of the 21st-Century Business. *[S.l.]*: New Society Publishers, 1997.

ELKINGTON, J. **Enter The Triple Bottom Line**. *[S.l.]*: [s.n.], 2004.

ELKINGTON, J. 25 Years Ago I Coined the Phrase "Triple Bottom Line". Here's Why It's Time to Rethink It. **Harvard Business Review**, 2018.

ERNST & YOUNG. **Global Perception Environmental, Social and Governance Issues in Investing**. *[S.l.]*. 2017.

GAG INVESTMENTS. **GAG Investments**. Disponível em: http://gaginvestimentos.com.br/.

GAIGER, L.I. & KUYVEN, P., Dimensões e tendências da economia solidária no Brasil, Revista Sociedade e Estado – Volume 34, Número 3, Setembro/Dezembro 2019.

GALERA, G.; BORZAGA, C. Social enterprise: an international overview of its conceptual evolution and legal implementation. **Social Enterprise Journal**, London, v. v.5, n.3, p. 210- 228, 2009.

GALLIE, W. B. Essentially Contested Concepts. **Proceedings of the Aristotelian Society, 56**, p. 167-198, 1956.

GARCIA, A. S.; MENDES-DA-SILVA, W.; ORSATO, R. J. Sensitive Industries Produce Better ESG Performance: Evidence from Emerging Markets. **Journal of Cleaner Production**, p. 135-147, 2017.

GEISSDOERFER, M. et al. The Circular Economy - a new sustainability paradigm? **Journal of Cleaner Production 143**, p. 757-768, 2017.

GELFAND, S. Why IRIS? **Stanford Social Innovation Review**, Stanford, 10 out. 2012.

GEORGESCU-ROEGEN, N. **The Entrophy Law and the Economic Process**. Cambridge, UK: Harvard University Press, 1971.

GIIRS. GIIRS Funds. **B Analytics**. Disponível em: http://b-analytics.net/giirs-funds. Acesso em: 06 maio 2017.

GIUDICI, G.; BONAVENTURA, M. **ESG Ratings and Market Performance: A Study of Stoxx Europe 600 Index Stocks**. Milan. 2018.

GLOBAL SUSTAINABLE ALLIANCE. **Global Sustainable Investment Review**. *[S.l.]*. 2016.

GLOBO. **Globo G1**, 12 January 2018. Disponível em: https://g1.globo.com/economia/noticia/veja-historico-das-notas-de-credito-do-brasil.ghtml. HSBC. **Sustainable Financing and ESG Investing**. *[S.l.]*. 2018.

GRI. **GRI 101: Foundation**. Global Reporting Initiative. Amsterdam, p. 29. 2016.

HAND, D. et al. **2020 Annual Impact Investor Survey**. Global Impact Investing Network. New York, p. 104. 2020.

INSPER. **Guia de Avaliação de Impacto Socioambiental para utilização em Projetos e Investimentos de Impacto**. Núcleo de Medição para Investimentos de Impacto Socioambiental. São Paulo, p. 24. 2020.

INSTITUTE OF APPLIED ECONOMIC RESEARCH (IPEA). **O Crescimento Insustentável dos Gastos com Previdência e Pessoal**. *[S.l.]*. 2018.

INTER-AMERICAN DEVELOPMENT BANK (IDB). About Us. **Inter-American Development Bank (IDB)**. Disponível em: https://www.iadb.org/en/about-us/overview.

INTERNATIONAL RENEWABLE ENERGY AGENCY (IRENA). **Renewable Generation Costs in 2017**. *[S.l.]*. 2018.

IRIS. **Impact Report and Investment Standards**. Disponível em: https://iris.thegiin.org/. Acesso em: 20 mar. 2021.

IRIS 5.1 Full Catalog. **IRIS**. Disponível em: https://iris.thegiin.org/metrics. Acesso em: 09 mar. 2021.

JPMORGAN. **Impact Assessment in Practice**. J.P. Morgan Social Finance. *[S.l.]*, p. 52. 2015.

JP MORGAN. **Impact investments: an emerging asset class**. *[S.l.]*. 2010.

KAETÉ. **Investimento de Impacto na Amazônia: Financiando um modelo inovador de desenvolvimento rural de baixas emissões**. Kaeté Investimentos. São Paulo, p. 43. 2017.

KAETÉ INVESTMENTS. **Kaeté Investments**. Disponível em: http://www.kaeteinvestimentos.com.br/.

KEYNES, J. M. **A Teoria Geral do Emprego**, do Juro e da Moeda. 2 ed. São Paulo: Nova Cultural, 1985.

KHAN, M.; SERAFEIM, G.; YOON, A. Corporate Sustainability: First Evidence on Materiality. **The Accounting Review**, p. 1697-1724, 2015.

KORHONEN, J. et al. Circular economy as an essentially contested concept. **Journal of Cleaner Production, 175**, p. 544-552, 2018.

LEME, A.; MARTINS, F.; HORNBERGER, K. **The state of impact investing in Latin America**. *[S.l.]*. 2014.

LOZANO, R. Towards better embedding sustainability into companies' systems: an analysis of voluntary corporate initiatives. **Journal of Cleaner Production**, v. vol. 25, p. 14-26, 2012.

MANGABEIRA, João. Pré-plano de negócio sustentável de inclusão social produtiva via pirarucu, cacau e sistemas agroflorestais. 1 ed. *[S.l.]*: Embrapa, 2016.

MÁRQUEZ, P.; REFICCO, E.; BERGER, G. **Negocios inclusivos - iniciativas de mercado con los pobres de Iberoamérica**. *[S.l.]*. 2010.

MIHELCIC, J. R. et al. Sustainability Science and Engineering: The Emergence of a New Metadisclipline. **Environmental Science & Technology, 37**, p. 5314-5324, 2003.

MINISTRY OF ENVIRONMENT. National Policy on Climate Change. **Ministry of Environment**. Disponível em: http://www.mma.gov.br/pol%C3%ADtica-sobre-mudan%C3%A7a-do-clima.html.

MIRALLES-QUIRÓS, M. M.; MIRALLES-QUIRÓS, J. L.; VALENTE GONÇALVES, L. M. The Value Relevance of Environmental, Social and Governance Performance: The Brazilian Case. **Sustainability**, p. volume 10, 574, 2018.

MOODY'S. **Moody's**, 27 February 2019. Disponível em:

https://www.moodys.com/research/Moodys-downgrades-Vale-to-Ba1-negative-outlook--PR_395758.

MOV. **Relatório de Impacto**. MOV Investimentos. São Paulo, p. 45. 2019.

MOV INVESTMENTS. **Impact Report**. *[S.l.]*. 2016.

MURRAY, A.; SKENE, K.; HAYNES, K. The circular economy: an interdisciplinary exploration of the concept and application in a global context. **Journal of Business Ethics**, 2015.

NATIONAL BANK FOR ECONOMIC AND SOCIAL DEVELOPMENT (BNDES). **National Bank for Economic and Social Development (BNDES)**. Disponível em: https://www.bndes.gov.br/wps/portal/site/home/financiamento/produto/bndes-finame- energia-renovavel.

NATIONAL BANK FOR ECONOMIC AND SOCIAL DEVELOPMENT (BNDES). **National Bank for Economic and Social Development (BNDES)**, 1 December 2016. Disponível em: https://www.bndes.gov.br/wps/portal/site/home/imprensa/noticias/

conteudo/bndes-aprova- criacao-do-fundo-de-energia-sustentavel.

NATIONAL BANK FOR ECONOMIC AND SOCIAL DEVELOPMENT (BNDES). **National Bank for Economic and Social Development (BNDES)**, 9 May 2017. Disponível em: https://www.bndes.gov.br/wps/portal/site/home/imprensa/noticias/conteudo/bndes%20capta%20us%24%201%20bi%20em%20green%20bonds%20no%20 mercado%20internacional. NIELSEN. **The Sustainability Imperative**. *[S.l.]*. 2005.

O GLOBO. **O Globo**, 14 January 2019. Disponível em: https://oglobo.globo.com/brasil/salles-diz-que-brasil-permanece-no-acordo-de-paris- 23371858.

ONU. Conheça os novos 17 Objetivos de Desenvolvimento Sustentável da ONU. **Nações Unidas no Brasil**, 2017. Disponível em: https://nacoesunidas.org/conheca-os--novos-17-objetivos-de-desenvolvimento-sustentavel-da-onu/. Acesso em: 22 out. 2017.

O Mercado Emergente das Finanças Verdes no Brasil, Deutsche Gesellschaft für Internationale Zusammenarbeit (GIZ) GmbH, 2020, https://bityli.com/Xyd2X

PORTER, M.; KRAMER, M. Creating shared value. **Harvard Business Review**, v. v.89, p. 62-77, 2011.

PRAHALAD, C. K.; HART, S. The fortune at the bottom of the pyramid. **Strategy + Business**, New York, v. v.1, n.26, p. 1-14, 2002.

PRI. **Princípios para o Investimento Responsável (PRI)**. Principles for Responsible Investment. Londres, p. 12. 2016.

PRIETO-SANDOVAL, V.; JACA, C.; ORMAZABAL, M. Towards a consensus on the circular economy. **Journal of Cleaner Production 179**, p. 605-615, 2018.

PRINCIPLES OF RESPONSIBLE INVESTMENT (PRI). **Annual Report**. *[S.l.]*. 2018.

PRINCIPLES OF RESPONSIBLE INVESTMENT (PRI). What are the PRI. **Principles of Responsible Investment**. Disponível em: https://www.unpri.org/pri/what-are--the-principles-for-responsible-investment .

Produtos e Serviços, Títulos Temáticos ESG, [B][3] - Brasil, Bolsa Balcão, http://www.b3.com.br/pt_br/b3/sustentabilidade/produtos-e-servicos-esg/guias-e-publicacoes/

REISMAN, J.; OLAZABAL, V. **Situating the next generation of impact measurement and evaluation for impact investing**. The Rockefeller Foundation. New York, p. 28. 2016.

RELATÓRIO de Atividades do INCT para Mudanças Climáticas. Relatório de Atividades do INCT-MC, [s. l.], 2011. RELATÓRIO de Atividades do INCT para Mudanças Climáticas. Relatório de Atividades do INCT-MC, *[s.l.]*, 2011.

RICHARDSON, B. Sparking Impact Investing through GIIRS. **Stanford Social Innovation Review**, Stanford, 24 out. 2012.

RIVERA, J. J.; BIGNE, E.; CURRAS-PEREZ, R. Effects of Corporate Social Responsibility perception on consumer satisfaction with the brand. **Spanish Journal of Ma-**

rketing - ESIC, p. 104-114, 2016.

SCHIFF, H.; BASS, R.; COHEN, A. **The business value of impact measurement**. Global Impact Investing Network. New York, p. 52. 2016.

SCHNEIDER, E. D.; SAGAN, D. **Into the Cool:** Energy Flow, Thermodynamics, and Life. Chicago: University of Chicago Press, 2006.

SECURITIES AND EXCHANGE COMMISSION OF BRAZIL (CVM). **Securities and Exchange Commission of Brazil** (CVM). Disponível em: http://cvmweb.cvm.gov.br/SWB/Sistemas/SCW/CPublica/ListaPLFdoExcvFech/CPublicaLi staPlFdoExcvFech.aspx?TPPartic=73.

SERAFEIM, G.; IOANNOU, I. **The Consequences of Mandatory Corporate Sustainability Reporting**. Working Paper No. 11-100. 2011.

SINGER, P. Introdução à Economia Solidária, Ed. Fundação Perseu Abramo, 2002.

SLAPER, T.; HALL, T. **The Triple Bottom Line: What Is It and How Does It Work?** *[S.l.]*. 2011.

SROI. What are the principles of social value? **Social Value UK**, 2017. Disponível em: http://www.socialvalueuk.org/what-is-social-value/the-principles-of-social-value/. Acesso em: 20 out. 2017.

TALBERTH, J.; COBB, C.; SLATTERY, N. **The Genuine Progress Indicator**. *[S.l.]*. 2006.

TEM. Release. **Tem**, 31 January 2018. Disponível em: https://www.meutem.com.br/release- 26.

THE NEW YORK TIMES. **The New York Times**, 02 April 2019. Disponível em: https://www.nytimes.com/interactive/2019/04/02/climate/pricing-carbon-emissions.html.

THE UNITED STATES DEPARTMENT OF JUSTICE. Antitrust Division. **The United States Department of Justice**, 31 July 2018. Disponível em: https://www.justice.gov/atr/herfindahl- hirschman-index.

TRANFIELD, D.; DENYER, D.; SMART, P. Towards a methodology for developing evidence-informed management knowledge by means of systematic reviews. **British Journal of Management, 14**, p. 207-222, 2003.

TRAVAGLINI, C.; BANDINI, F.; MANCINONE, K. **Social enterprises in Europe:** governance models. EMES International Conference on Social Enterprises. *[S.l.]*: [s.n.]. 2009. p. 1-26.

UNITED NATIONS. **Declaration of the United Nations Conference on the Human Environment**. Stockholm. 1972.

UNITED NATIONS. **Sustainable Development Goals**, 2015. Disponível em:

https://sustainabledevelopment.un.org/sdgs.

UNITED NATIONS FRAMEWORK CONVENTION ON CLIMATE CHANGE. Process and

Meetings. **United Nations Framework Convention on Climate Change**, 22 October 2018. Disponível em: https://unfccc.int/process-and-meetings/the-paris-agreement/the-paris- agreement.

VALOR ECONÔMICO. **Valor Econômico**, 29 November 2016. Disponível em: https://www.valor.com.br/financas/4790243/suzano-capta-r-1-bi-com-titulo-verde-no-brasil.

VALOR ECONÔMICO. **Valor Econômico**, 6 June 2018. Disponível em: https://www.valor.com.br/financas/5572647/vox-capital-tem-lucro-de-26-ao-ano-com- negocio--de-impacto.

VALOR ECONÔMICO. **Valor Econômico**, 28 January 2019. Disponível em: https://www.valor.com.br/empresas/6092683/fitch-rebaixa-rating-global-da-vale-de--%3Fbbb%3F-para-%3Fbbb-%3F.

VOX CAPITAL. **Relatório de Impacto Social**. Vox Capital. São Paulo, p. 83. 2019.

VOX CAPITAL. **Social Impact Report**. 2017. VOX CAPITAL. **Social Impact Report**. *[S.l.]*. 2018.

WANG, D. H.-M. et al. The effects of corporate social responsibilitiy on brand equity and firm performance. **Journal of Business Research**, p. 2232-2236, 2015.

WANG, P. et al. Ownership governance, institutional pressures and circular economy accounting information disclosure: an institutional theory and corporate governance theory perspective. **Chinese Management Studies, 8**, p. 487-501, 2014.

WORLD BANK. **Impact Evaluation: The Experience of the Independent Evaluation Group of the World Bank**. Independent Evaluation Group. Washington D.C., p. 57. 2006.

YOUNG, C. E. F. (coord.). **Estudos e produção de subsídios técnicos para a construção de uma Política Nacional de Pagamento por Serviços**. Relatório Final com apêndices. Instituto de Economia, UFRJ, Rio de Janeiro. Rio de Janeiro. 2016.

YUNUS, M. **Creating a world without poverty:** social business and the future of capitalism. New York: Public Affairs, 2007.

YUNUS, M. **Criando um negócio social**, Ed. Campus, 2010.

GRÁFICA PAYM
Tel. [11] 4392-3344
paym@graficapaym.com.br